50 Magnifiques Mandalas Livre de coloriage pour adultes Anti-Stress

Livre à colorier| Mandalas magnifiques pour adulte
8,5*11 |Super loisirs Anti-stress | livre de coloriage pour adultes| Mandalas complexes |Mandala de nuit |fond noir

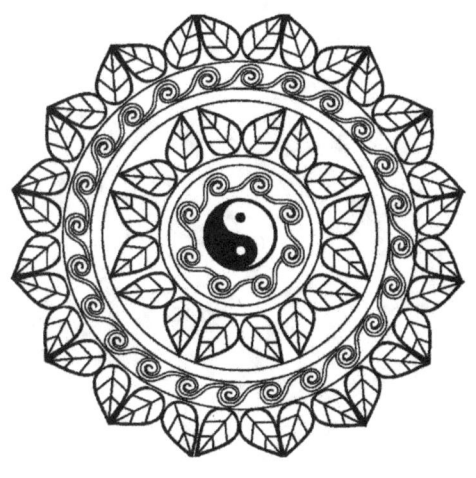

Ce Livre
Appartient à :

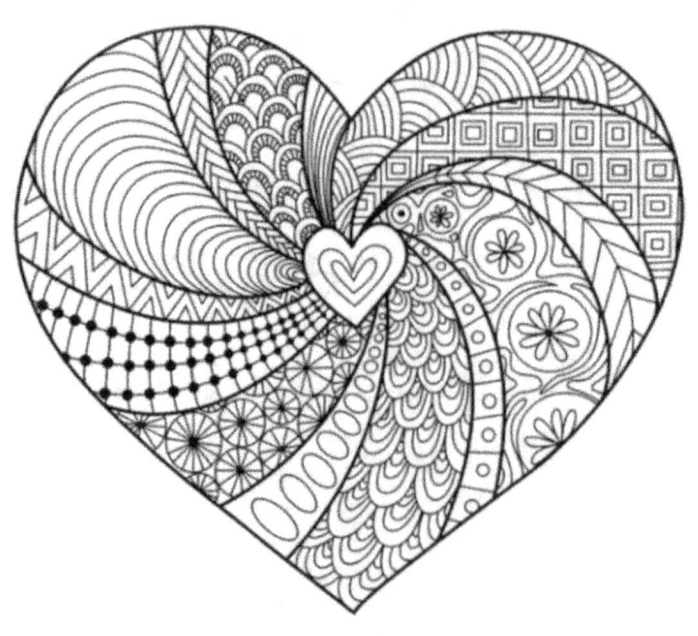

. . . .

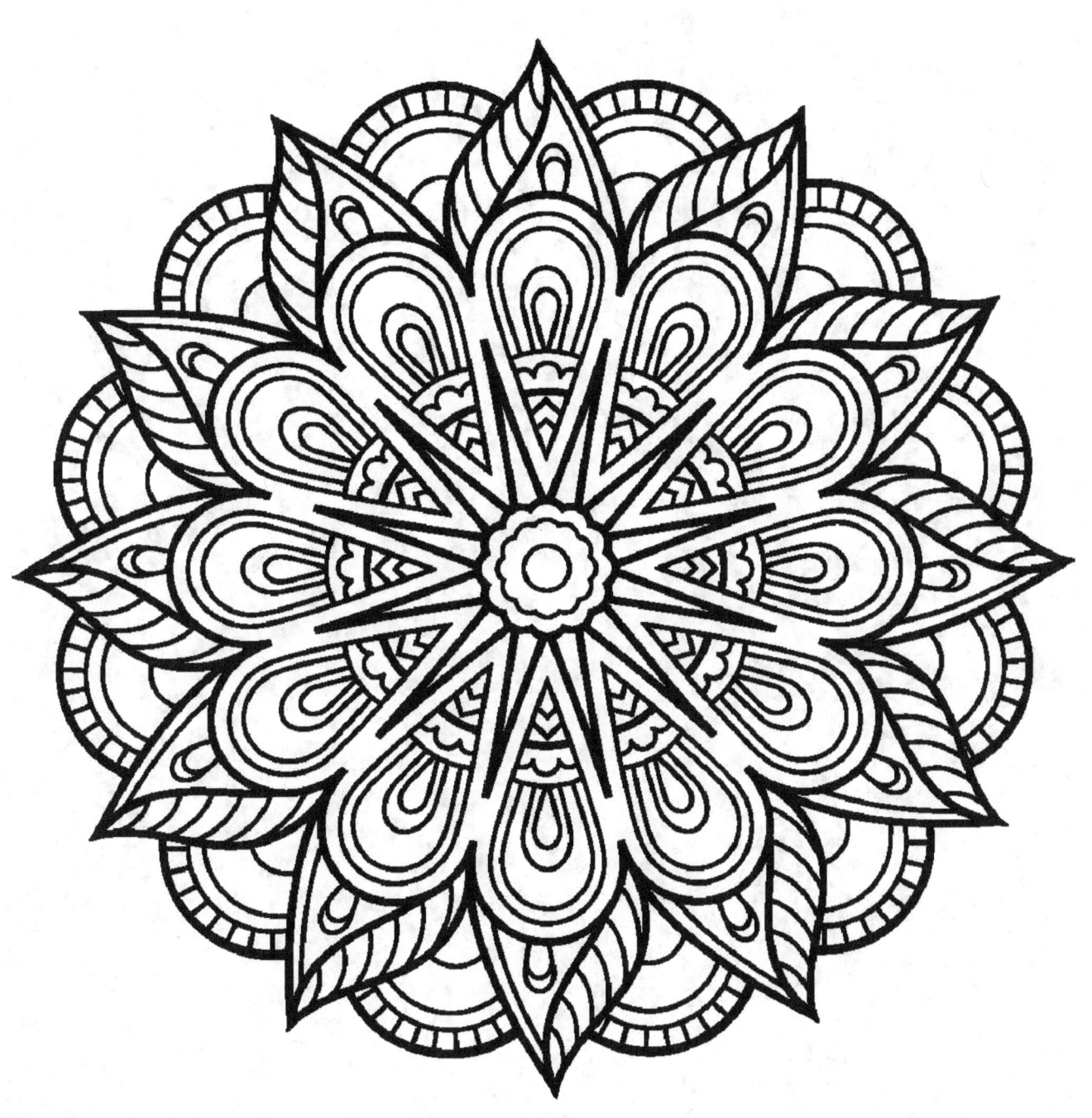

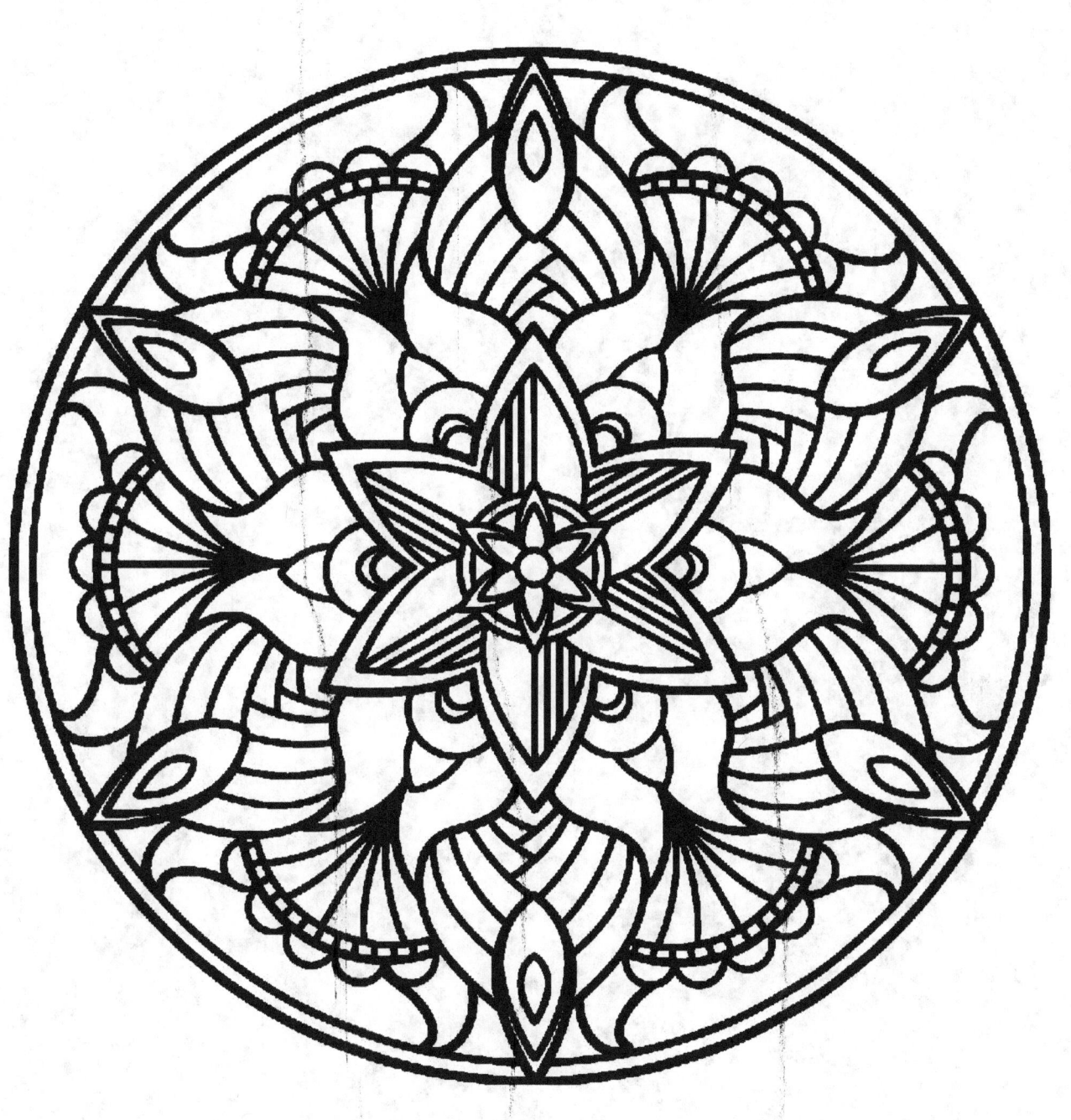

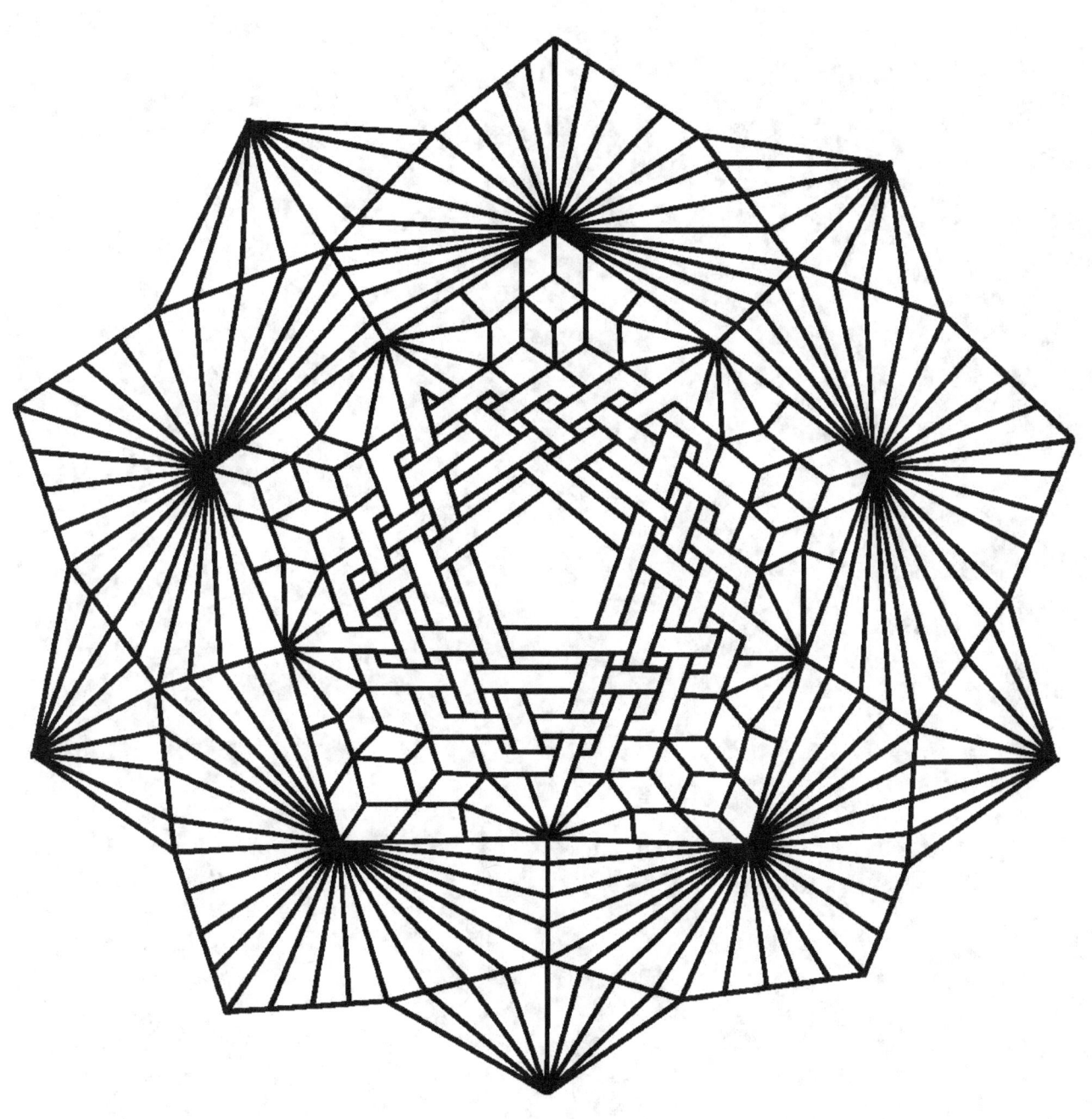

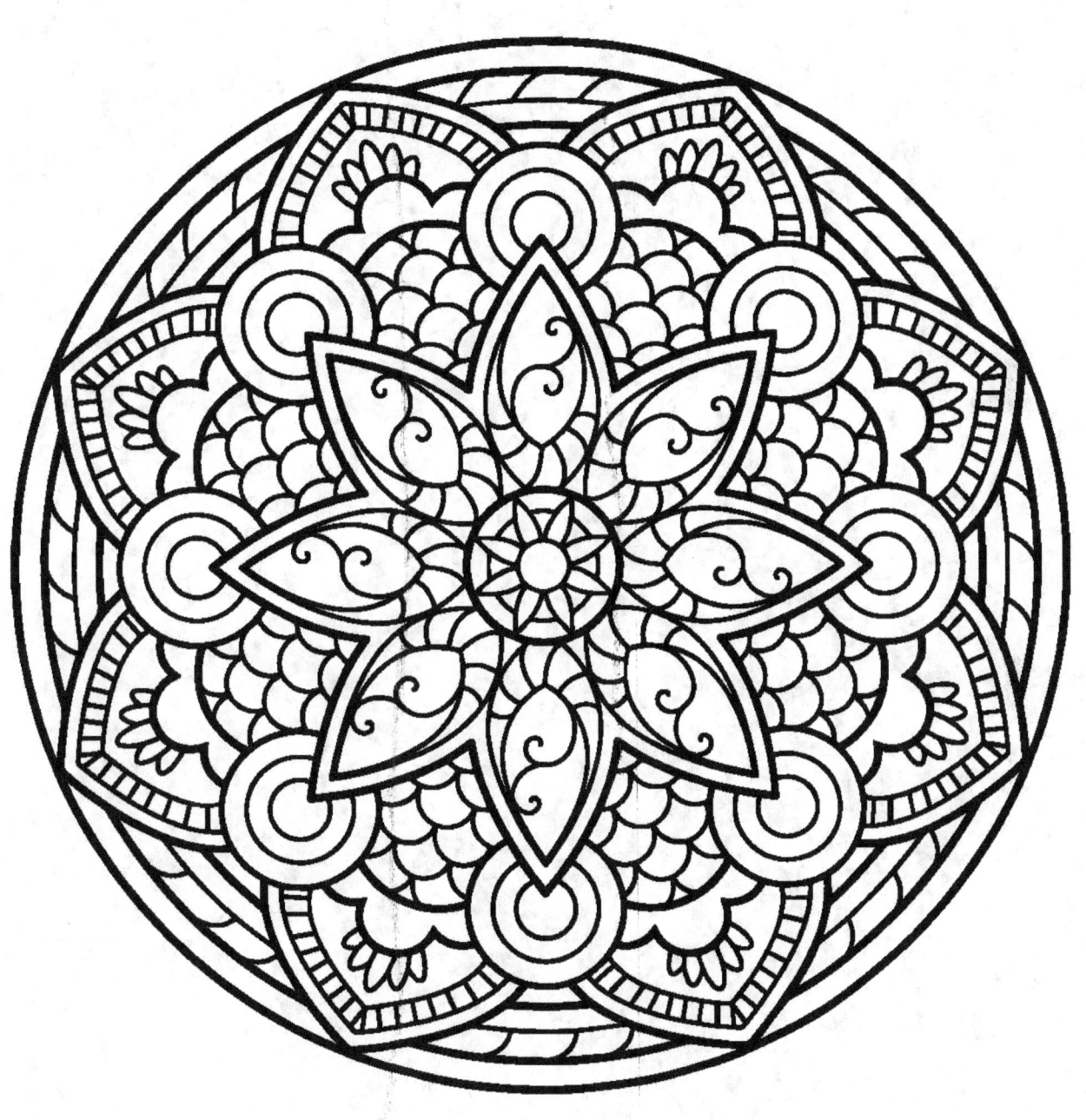

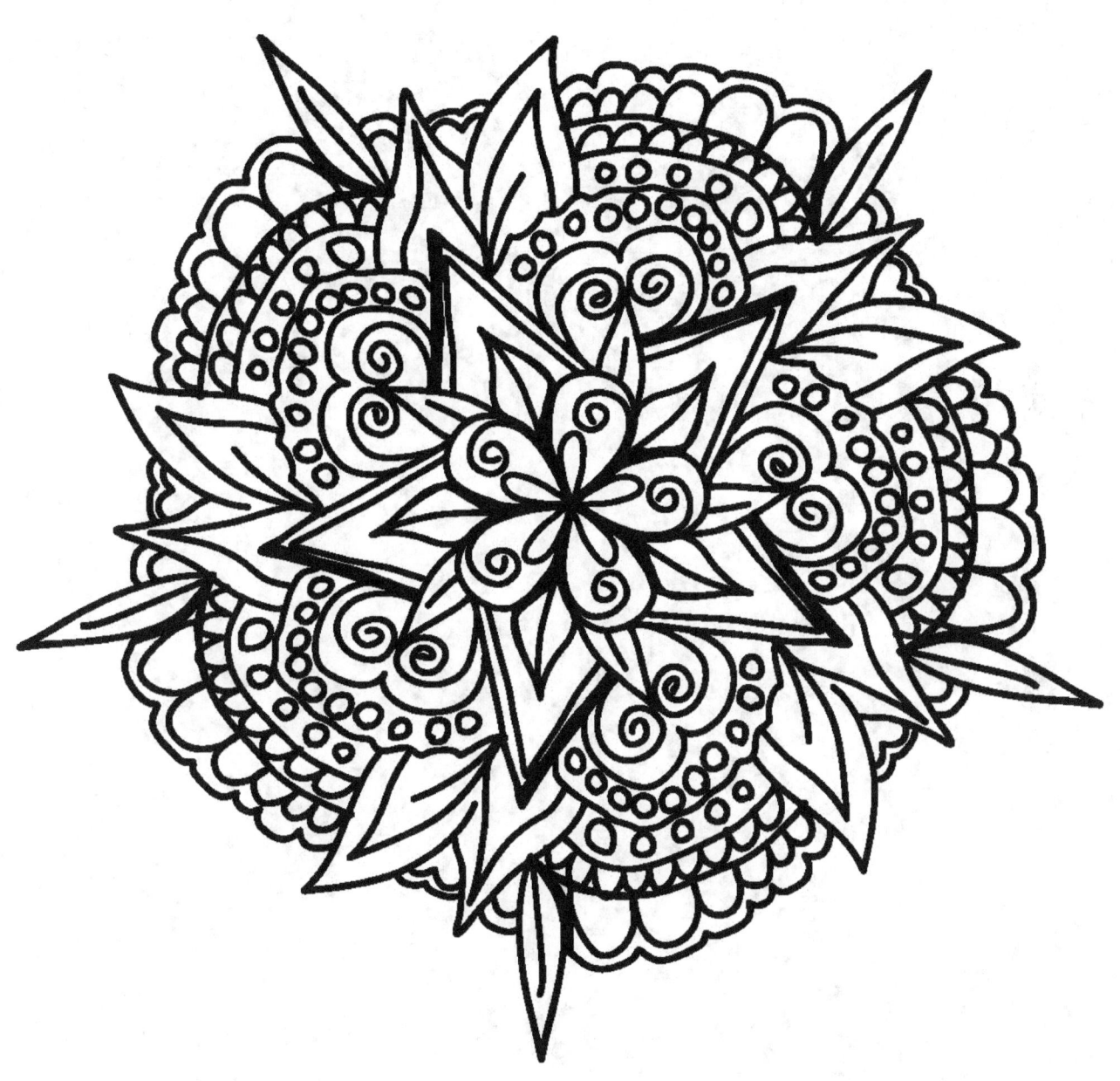

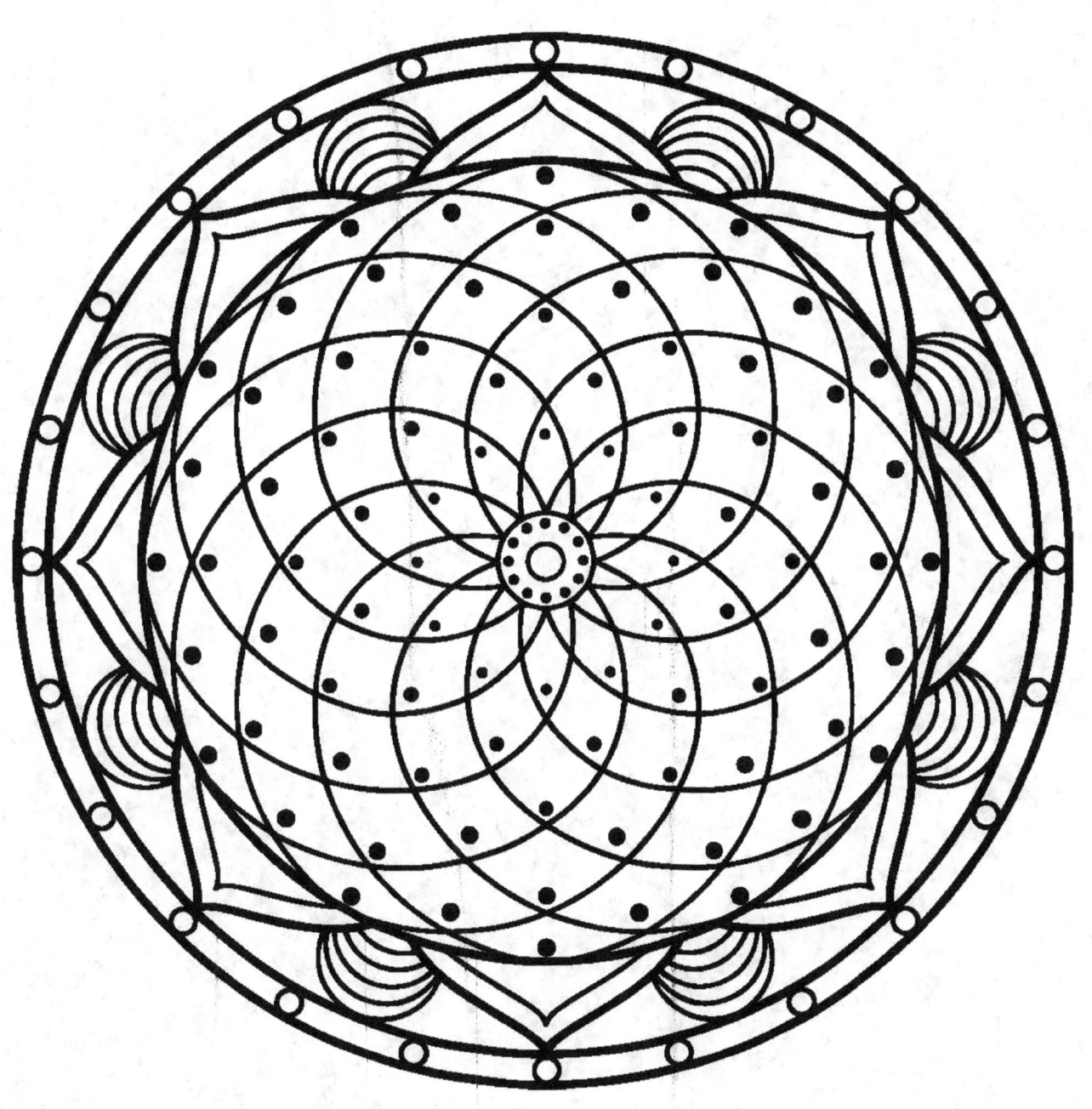

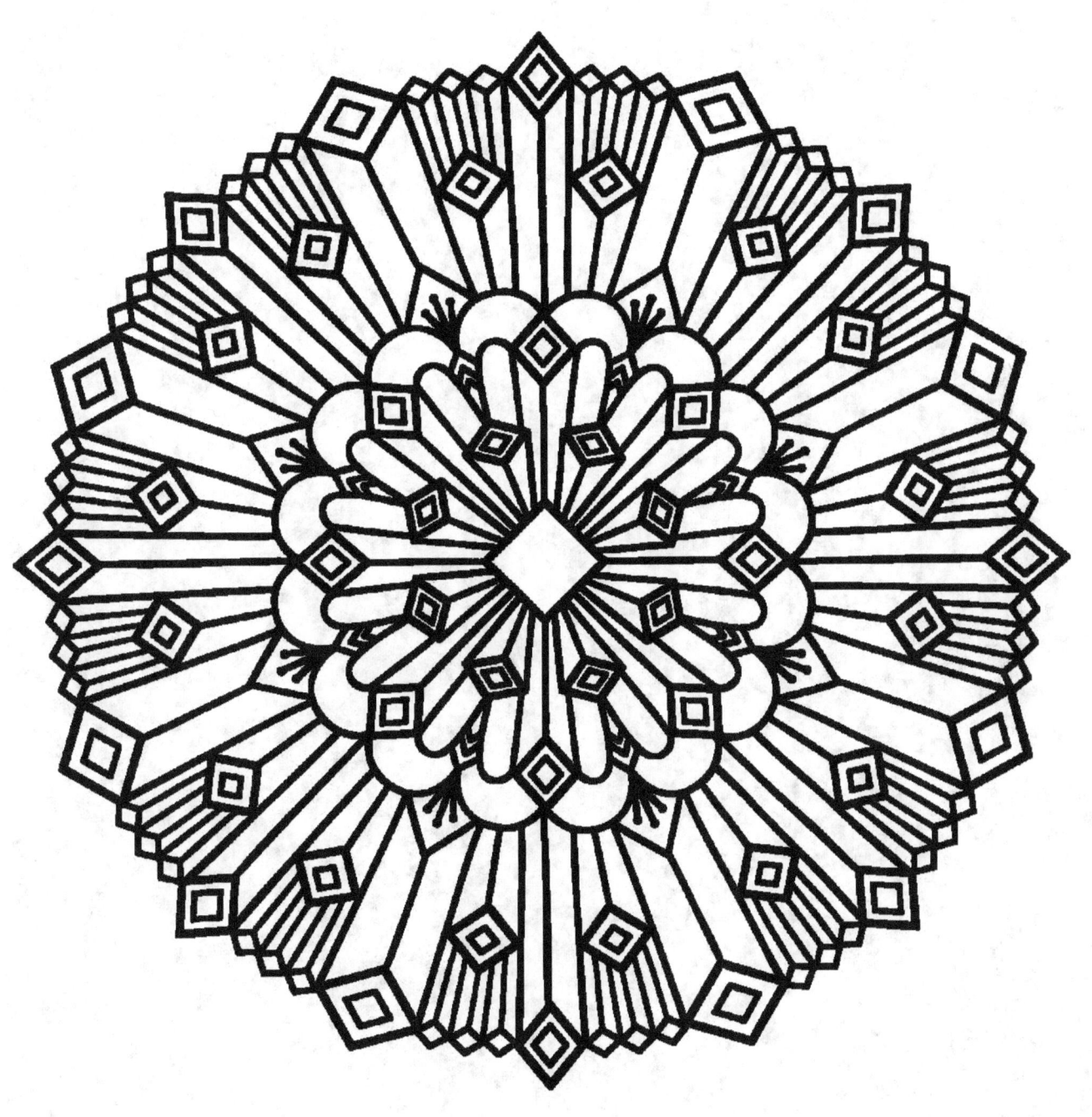

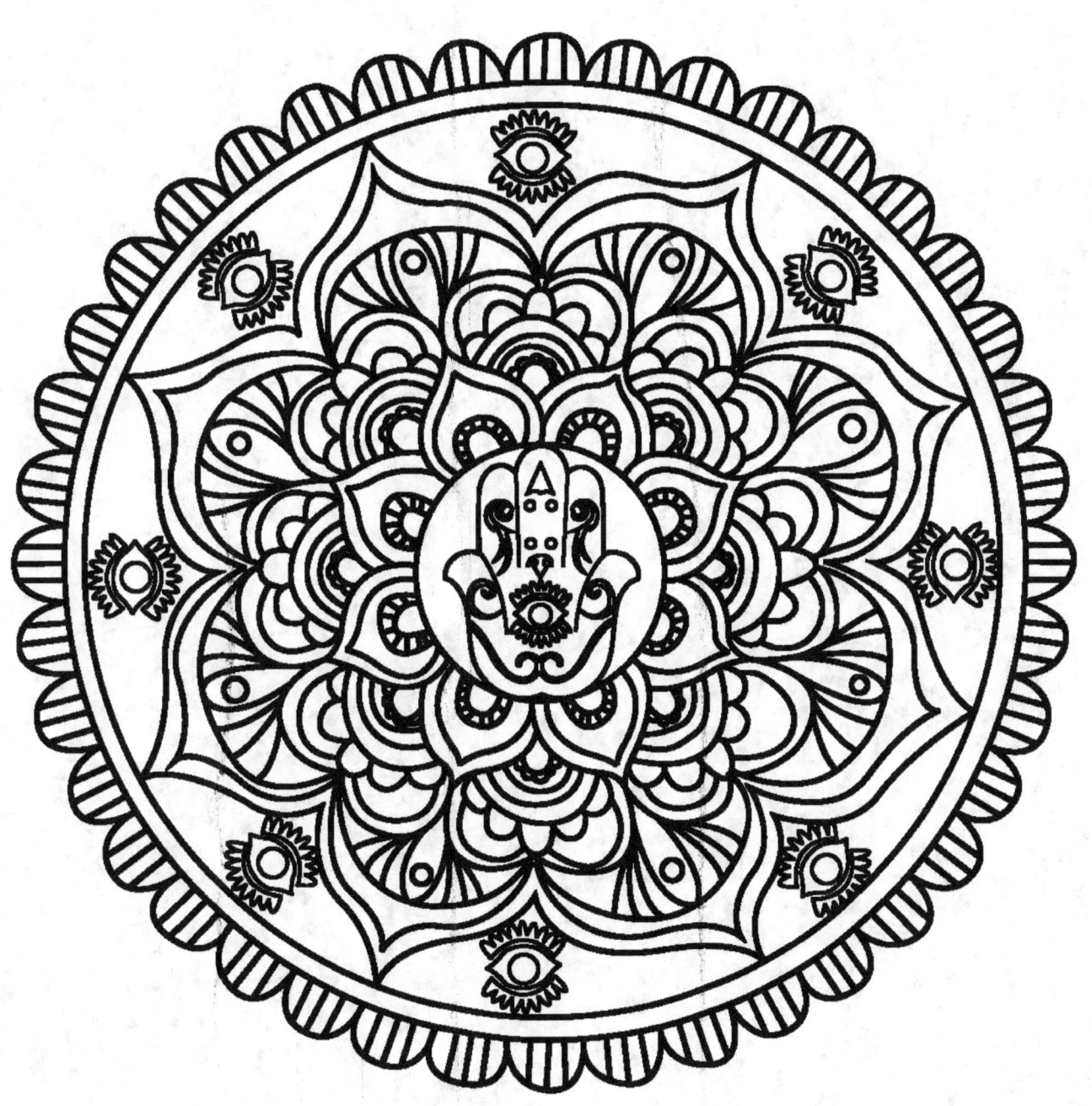

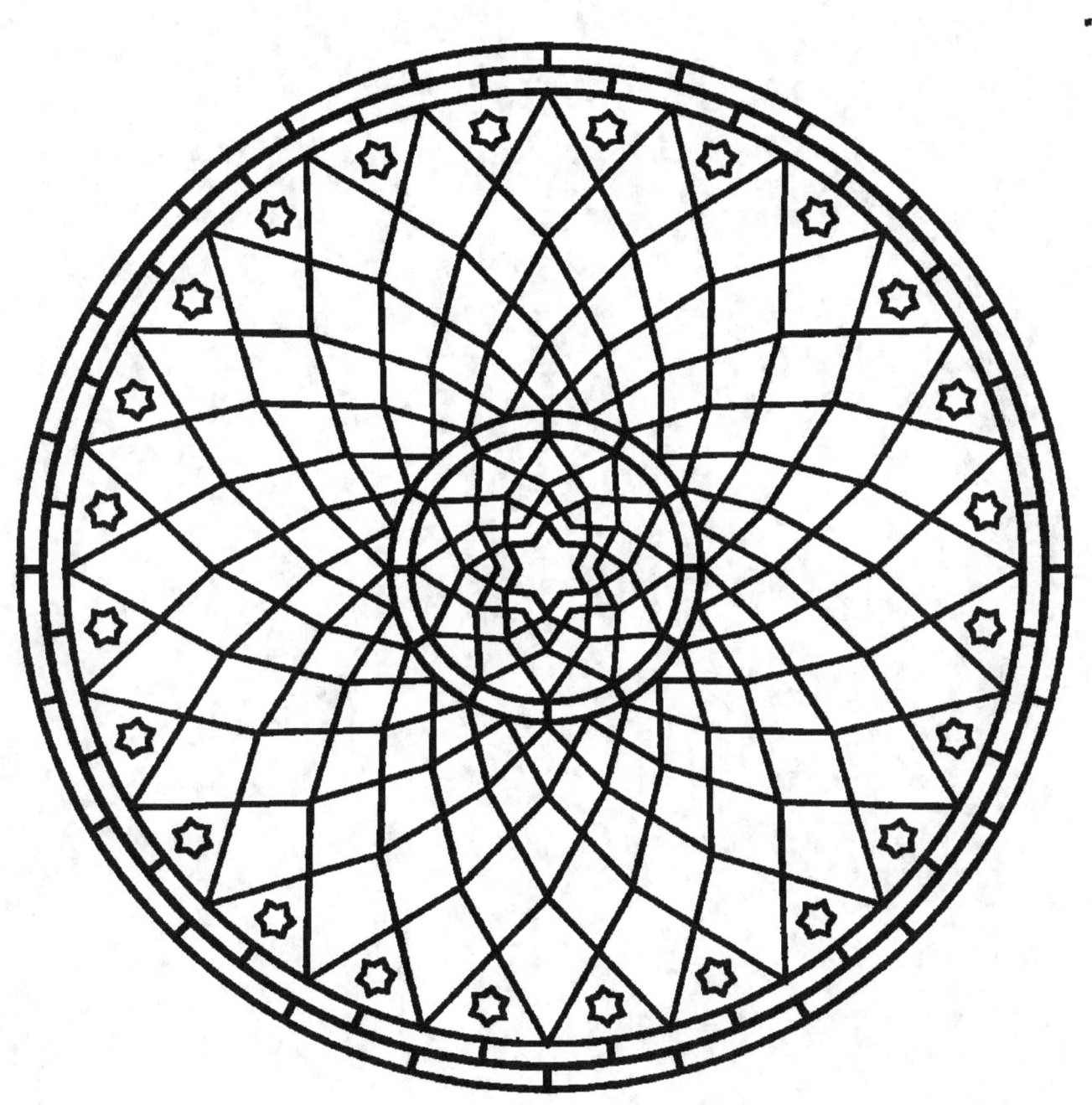

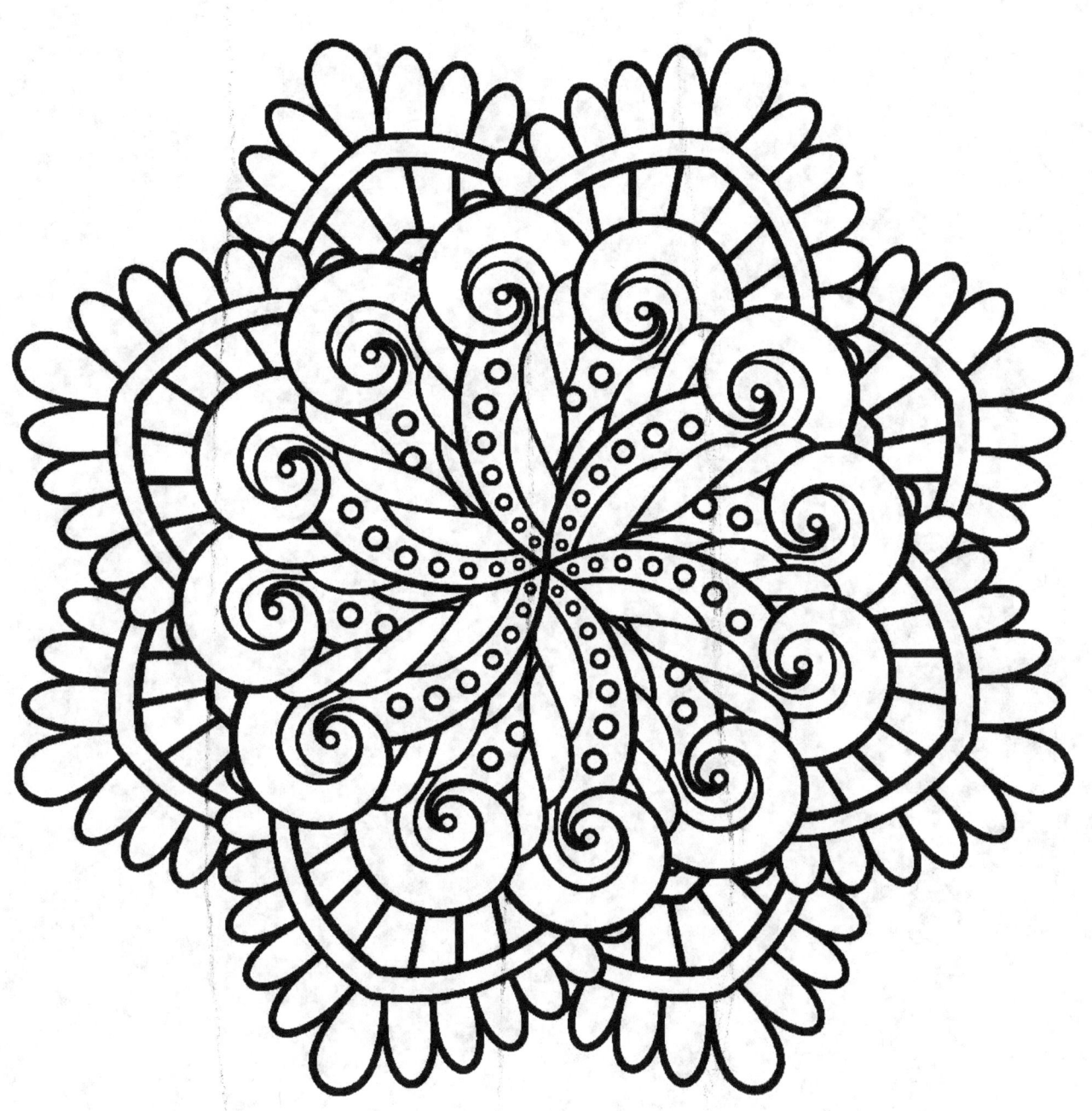

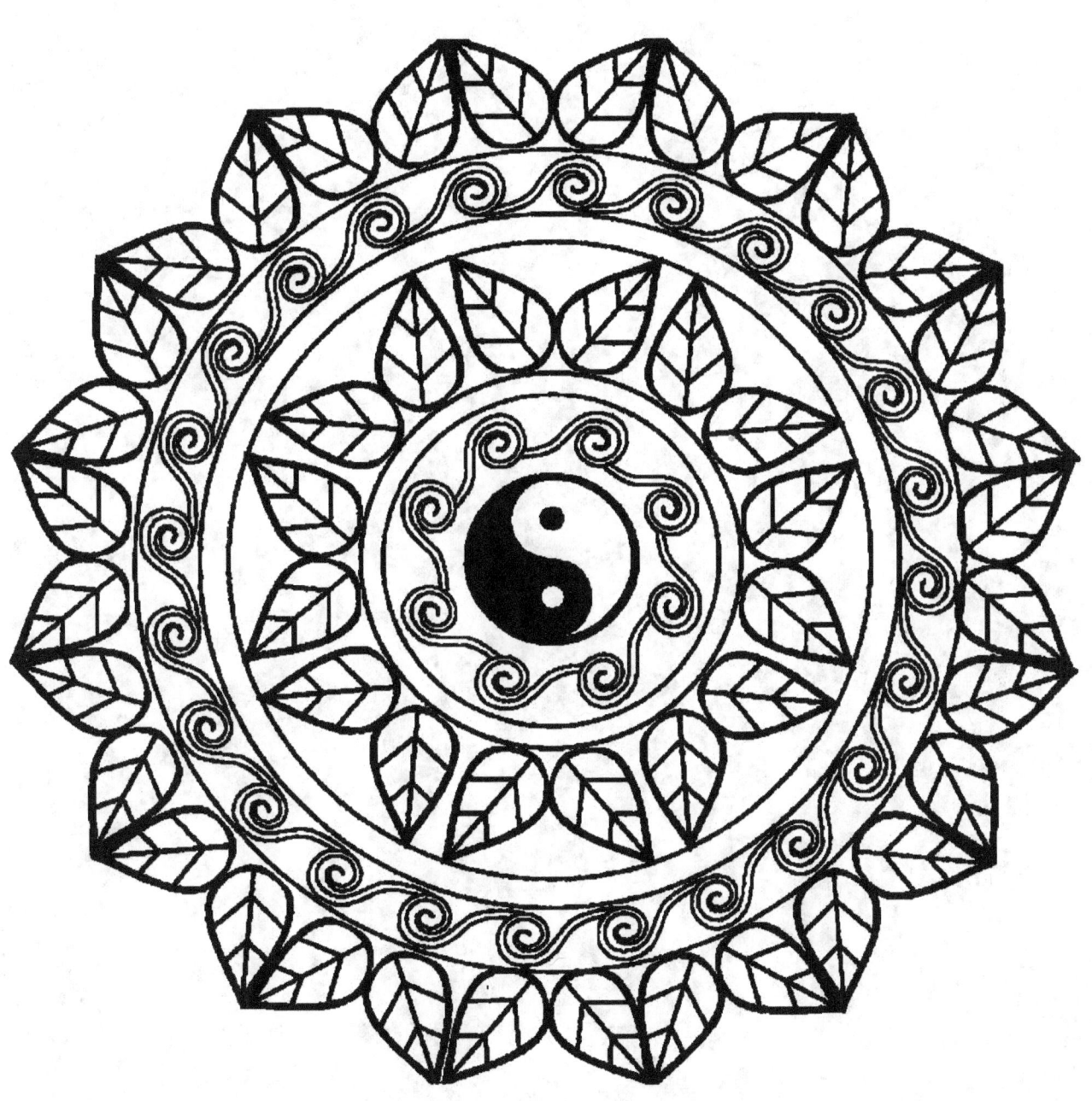

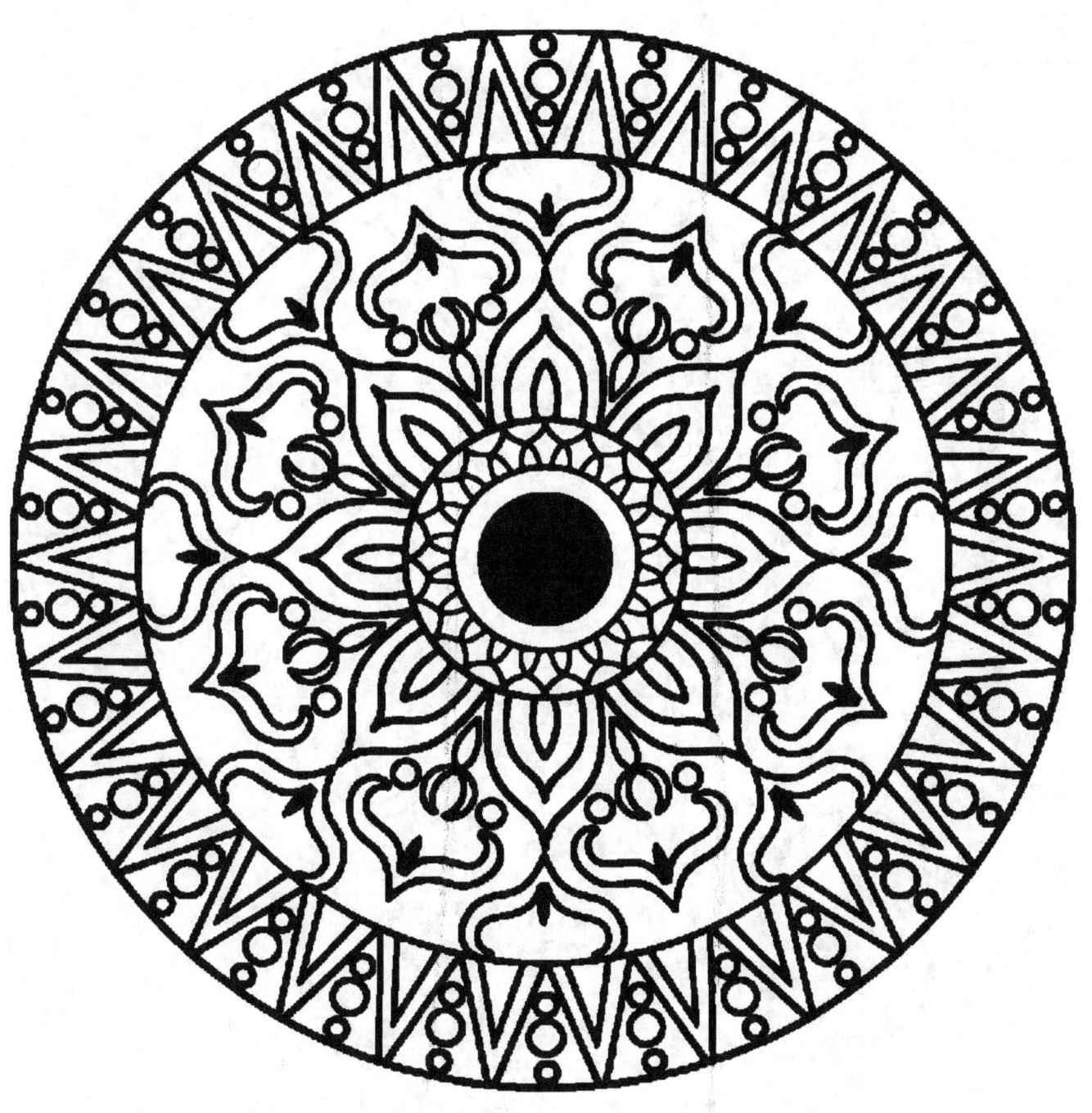

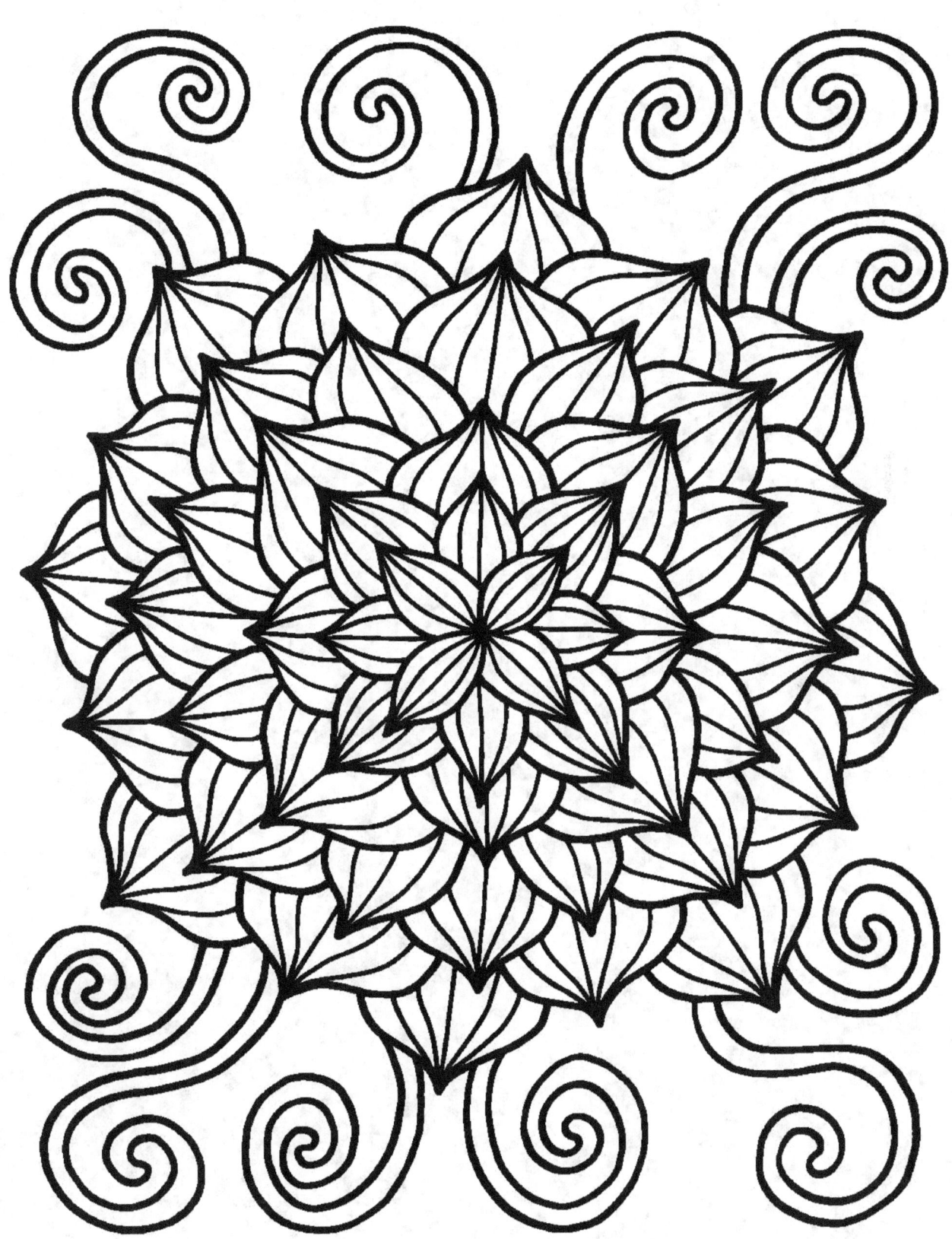

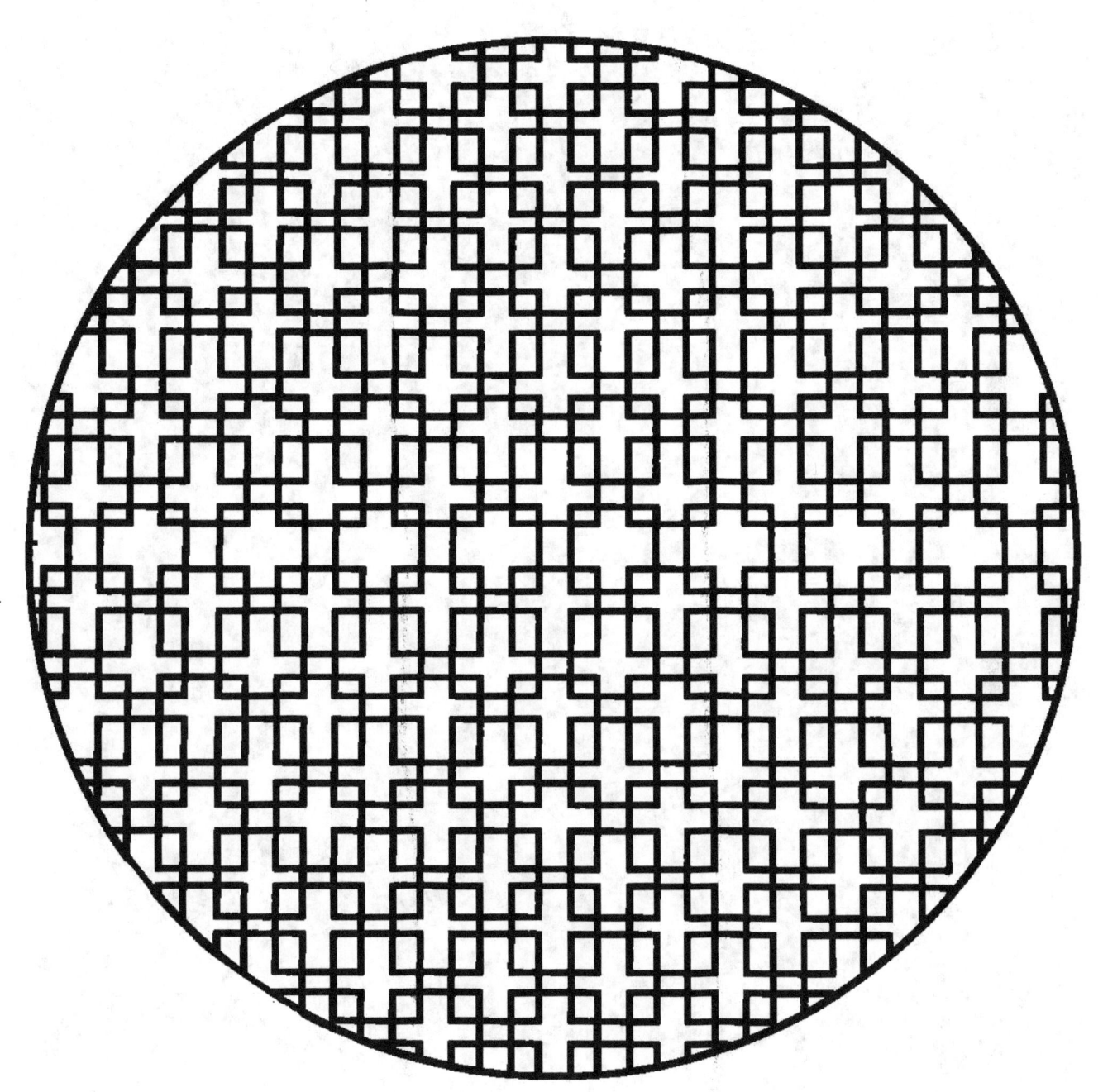

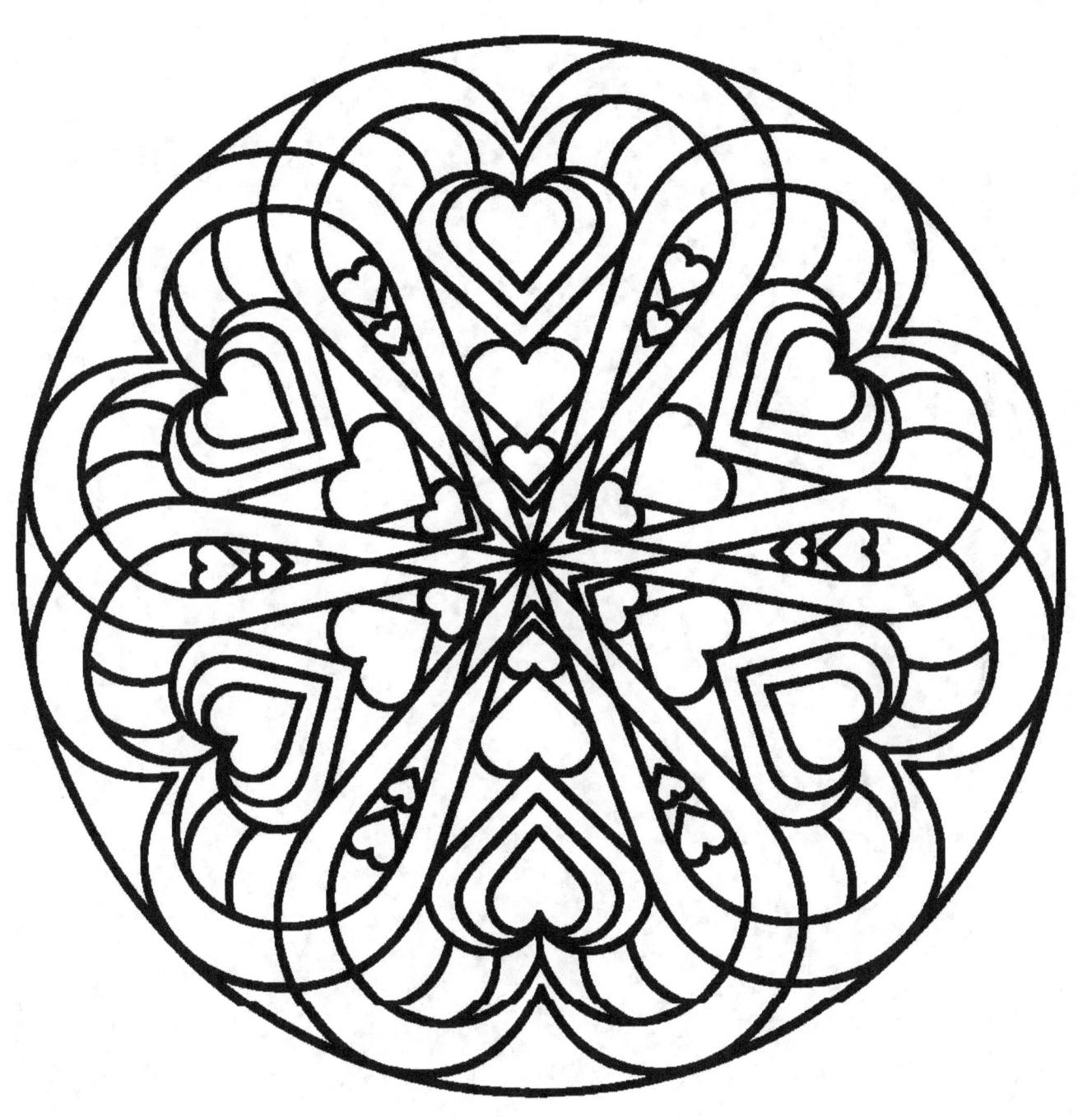

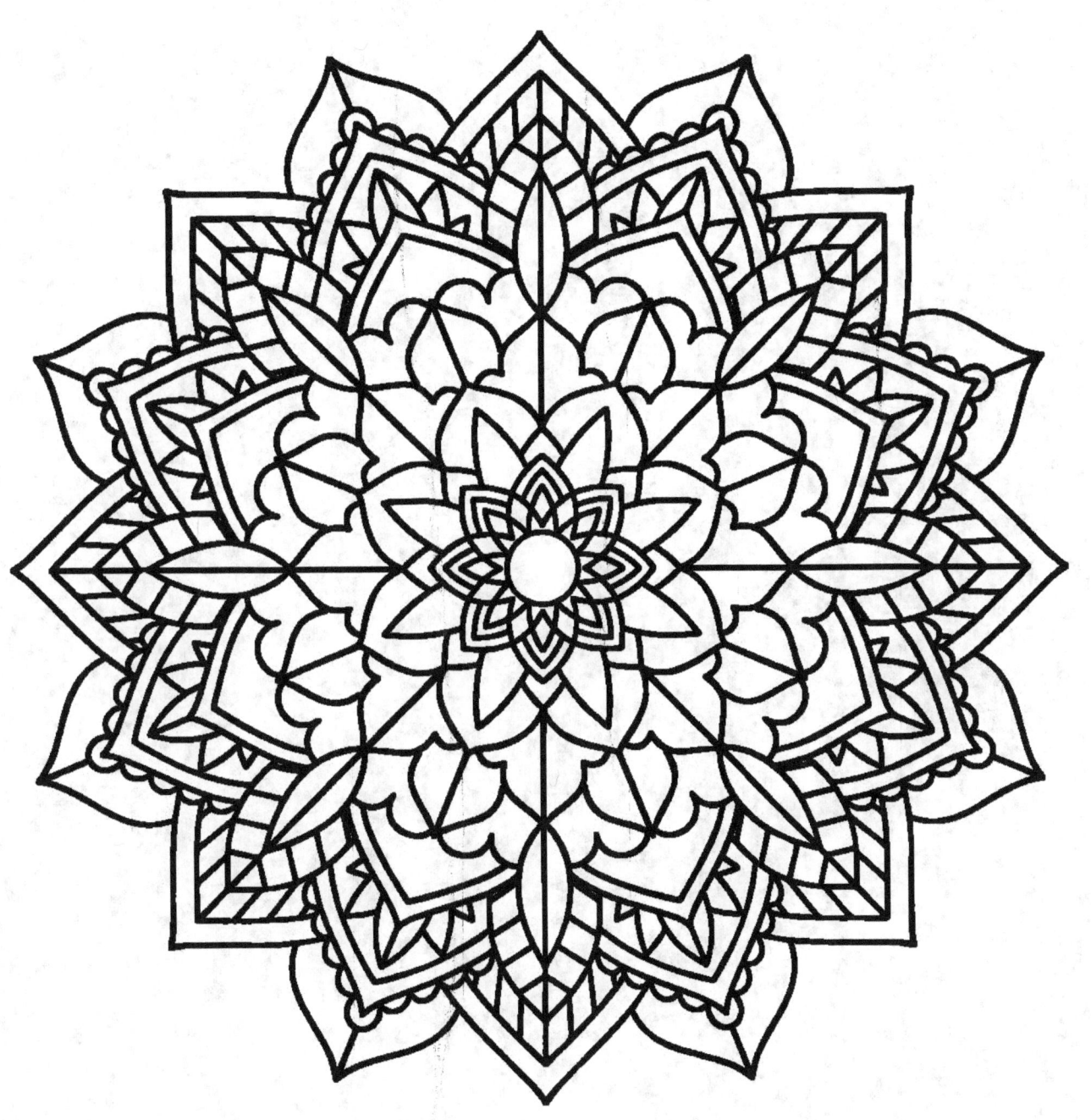

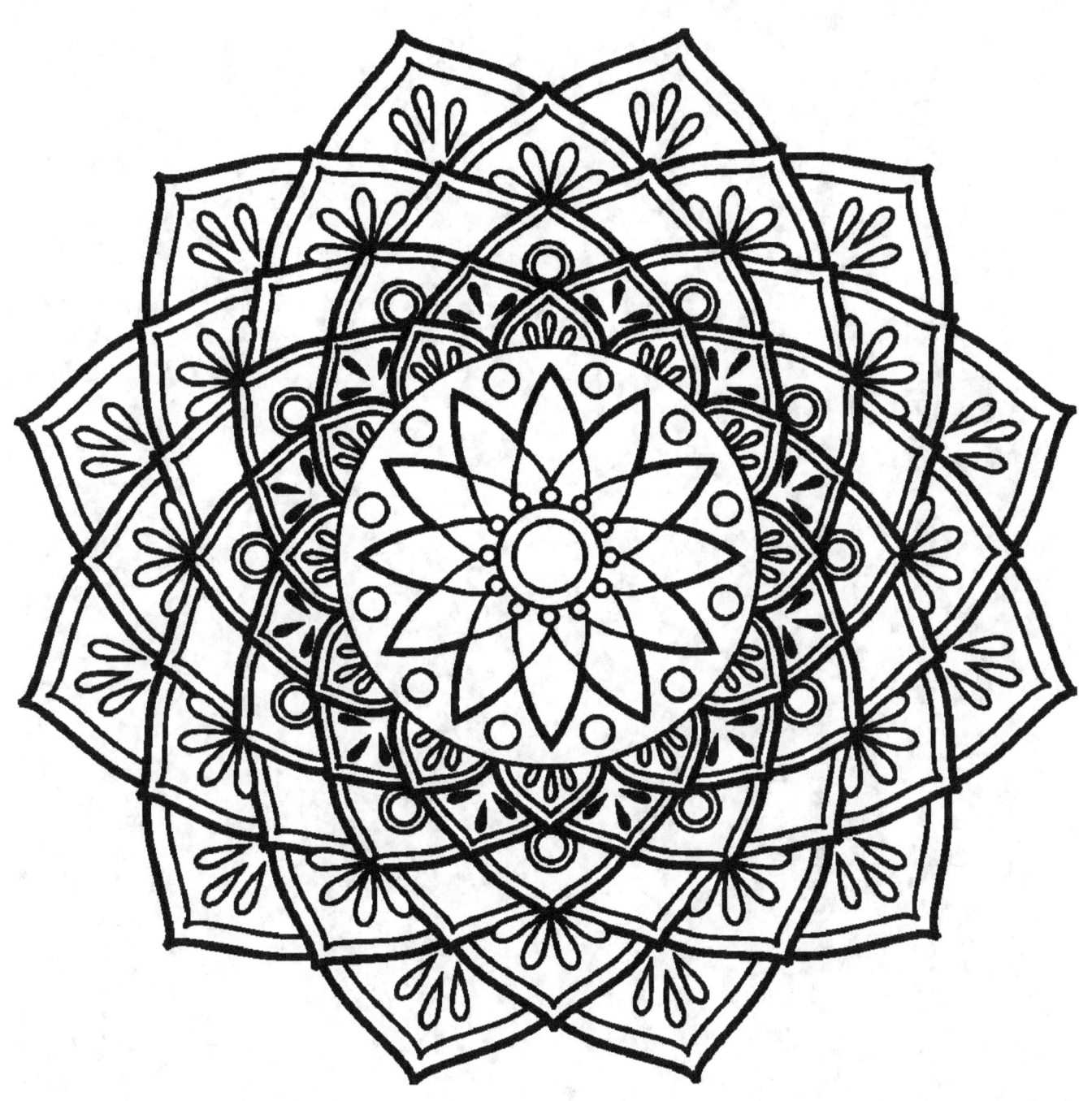

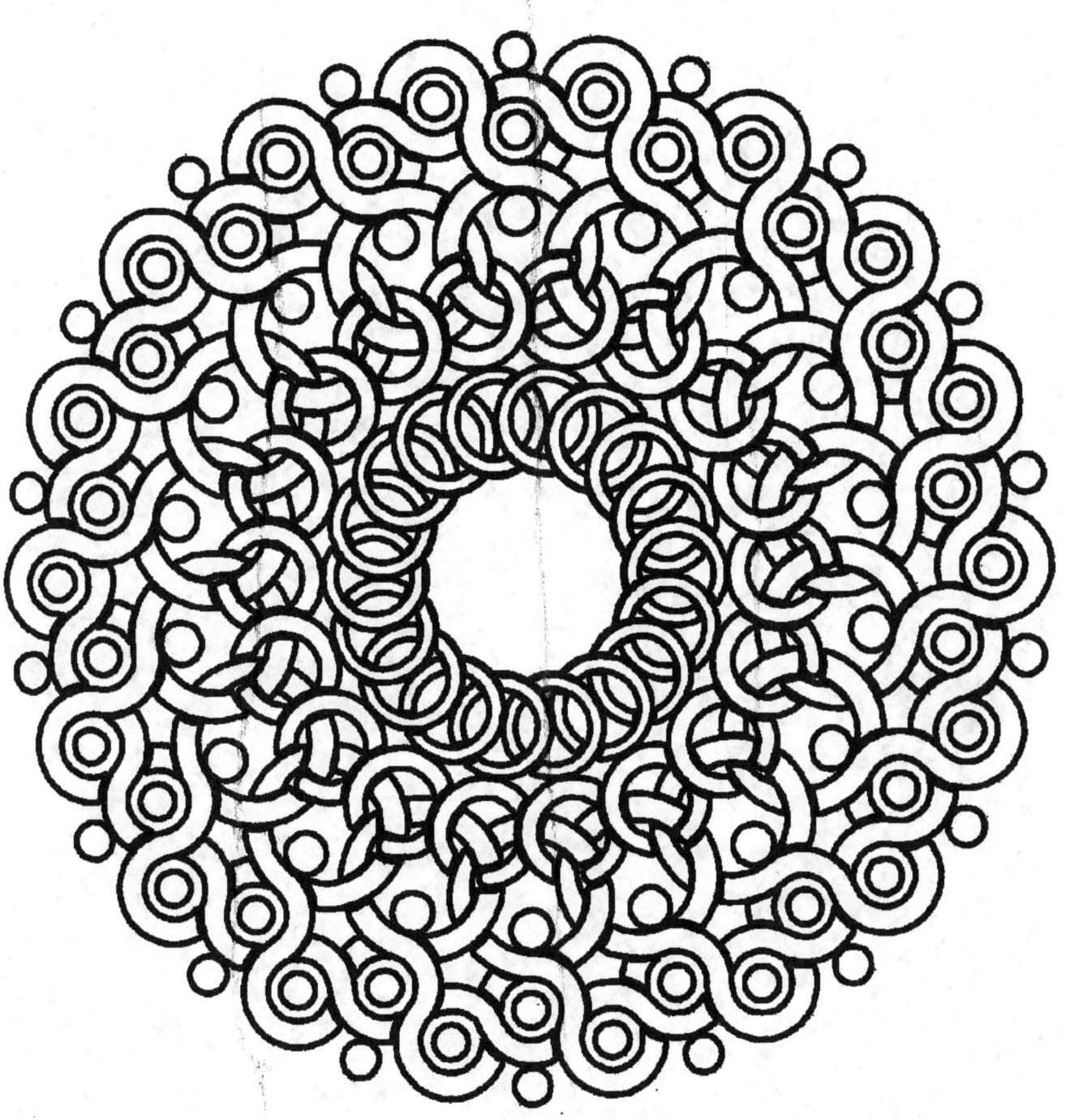

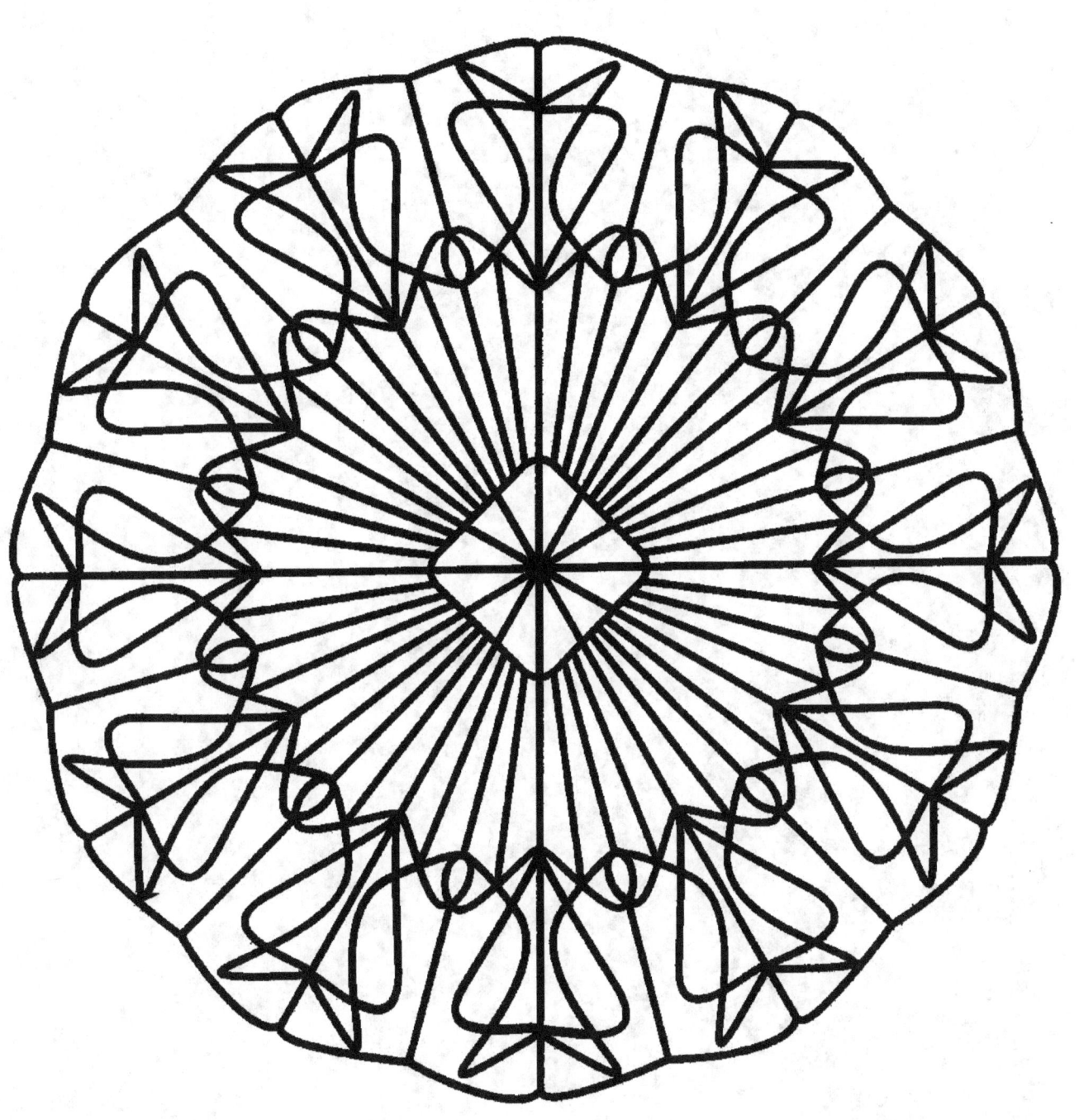

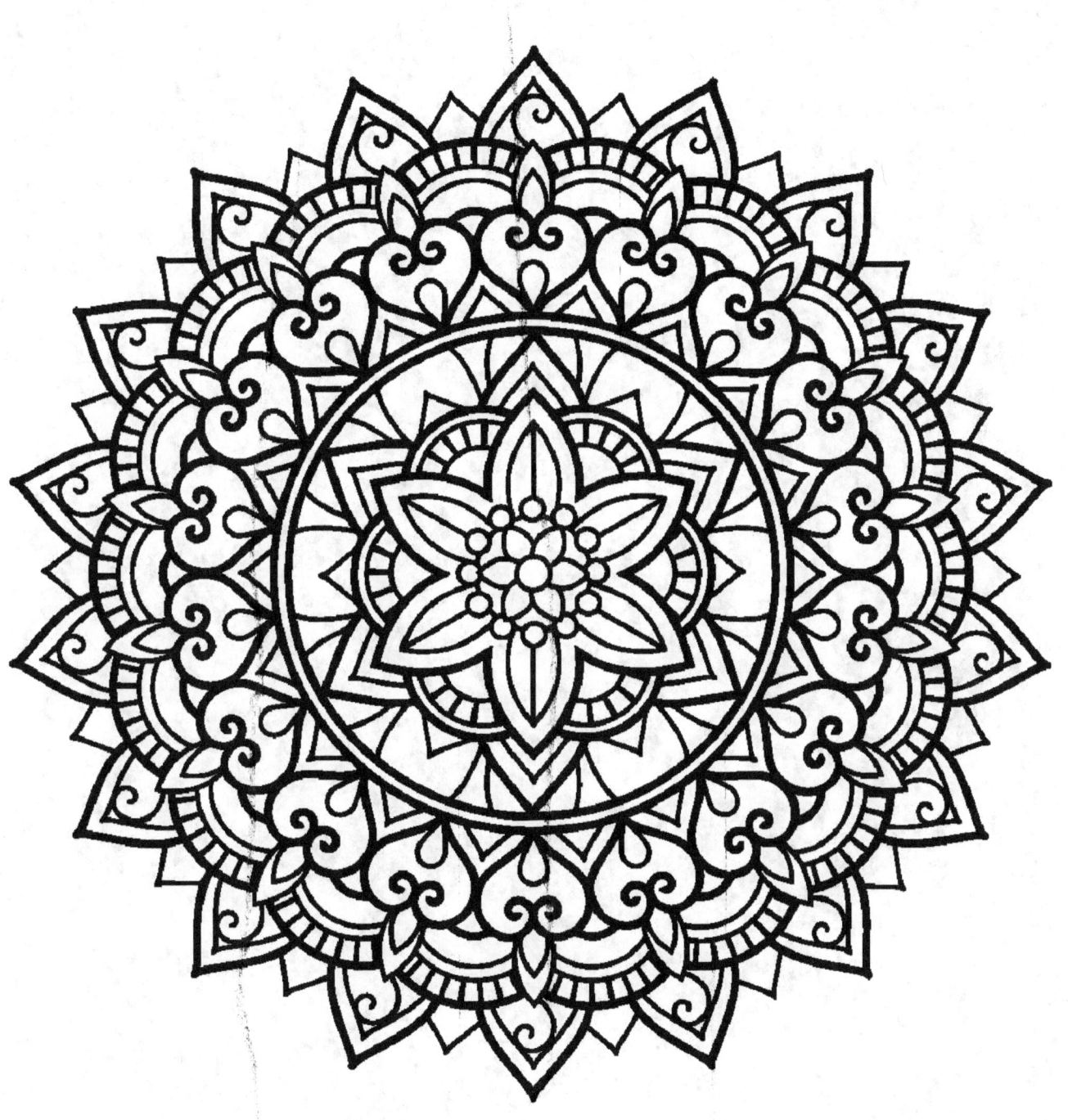

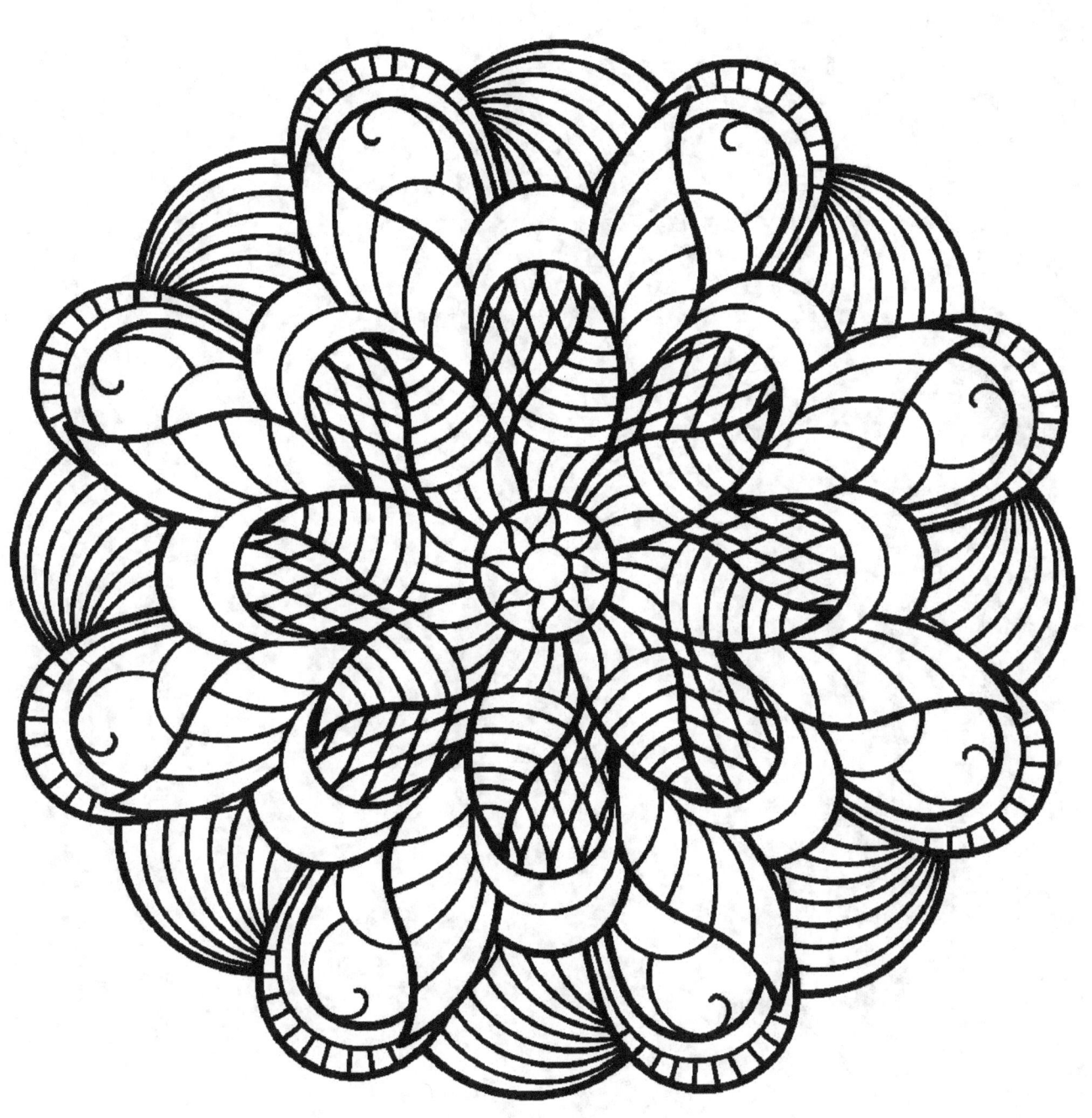

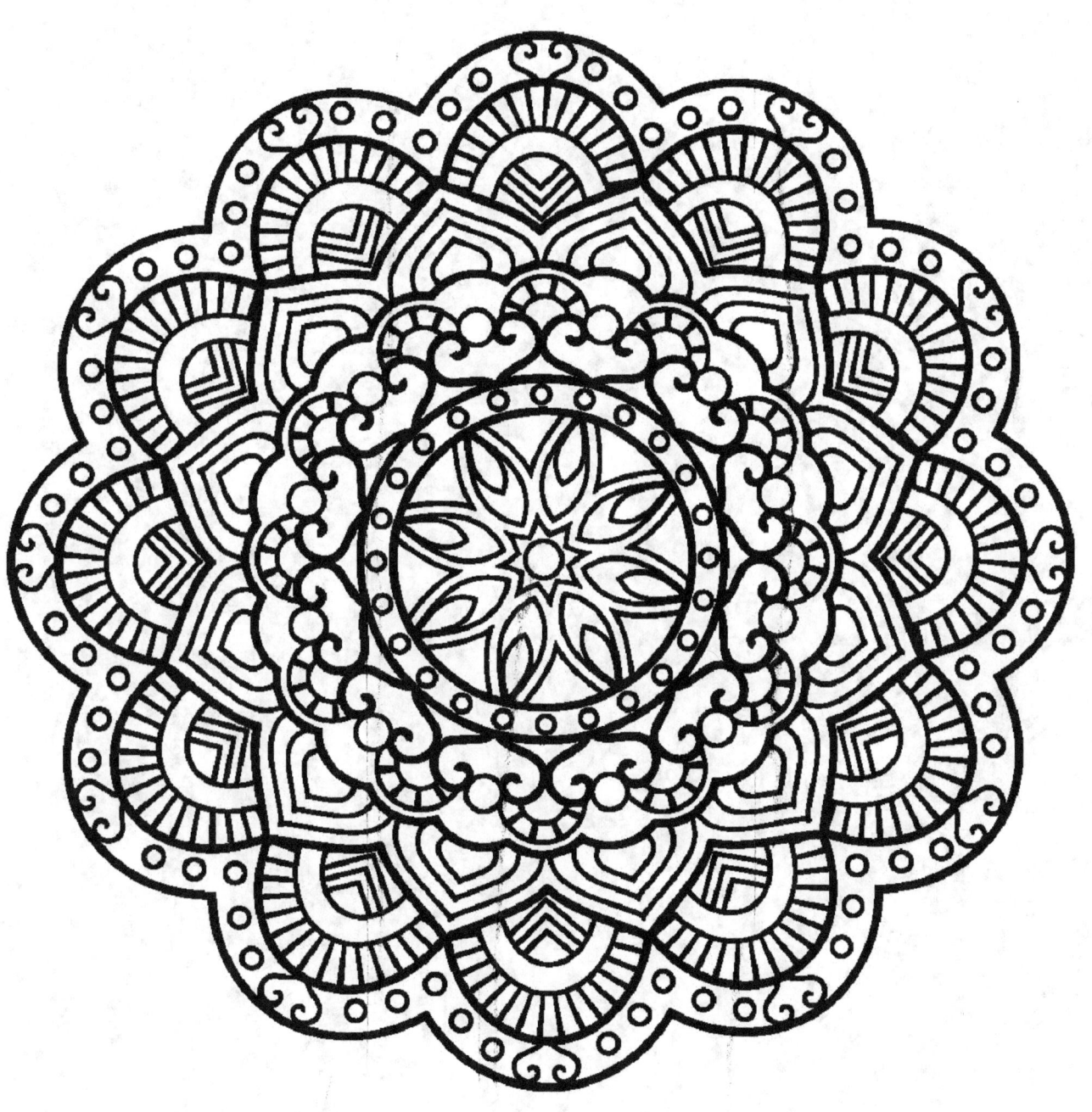

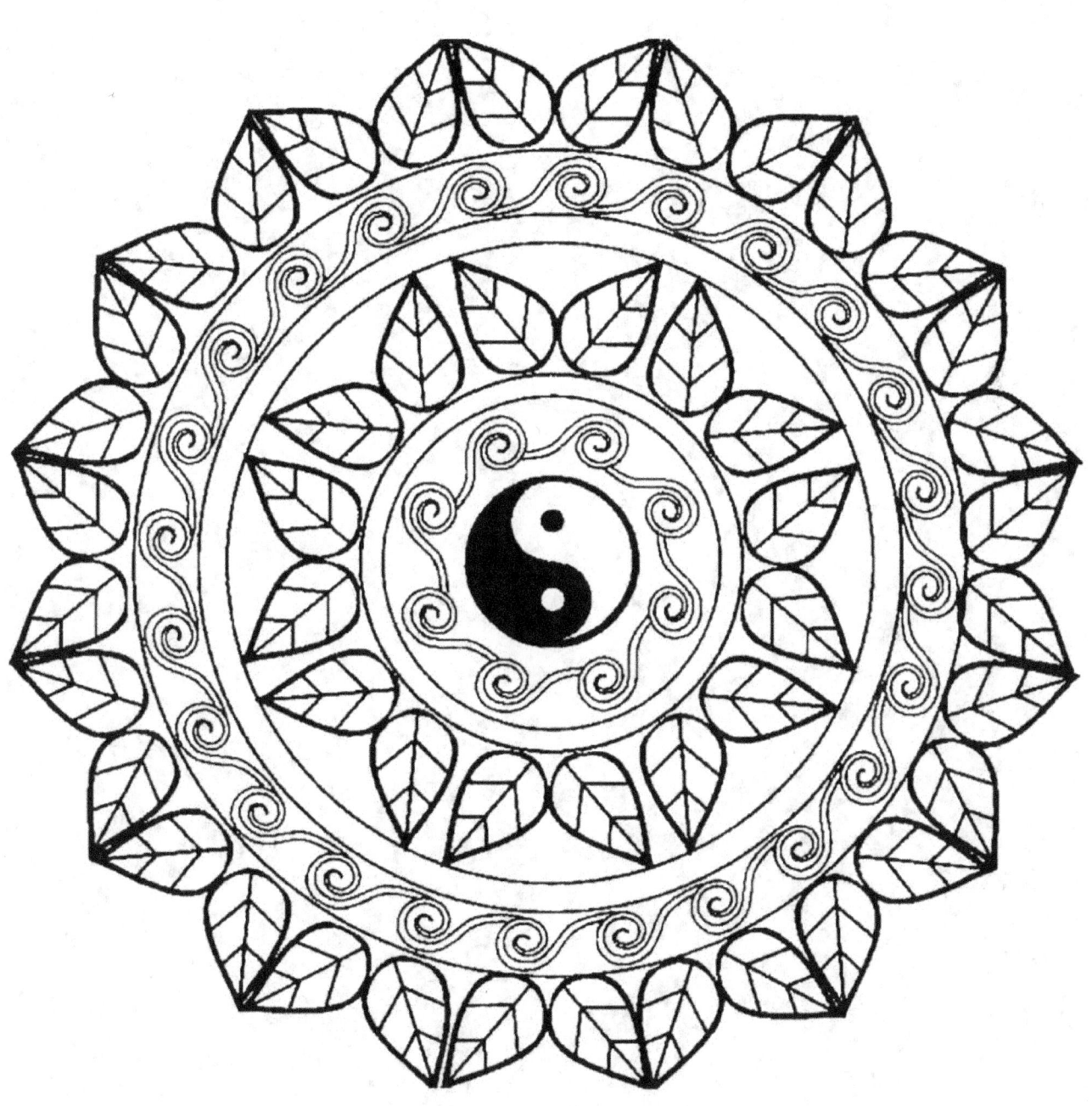

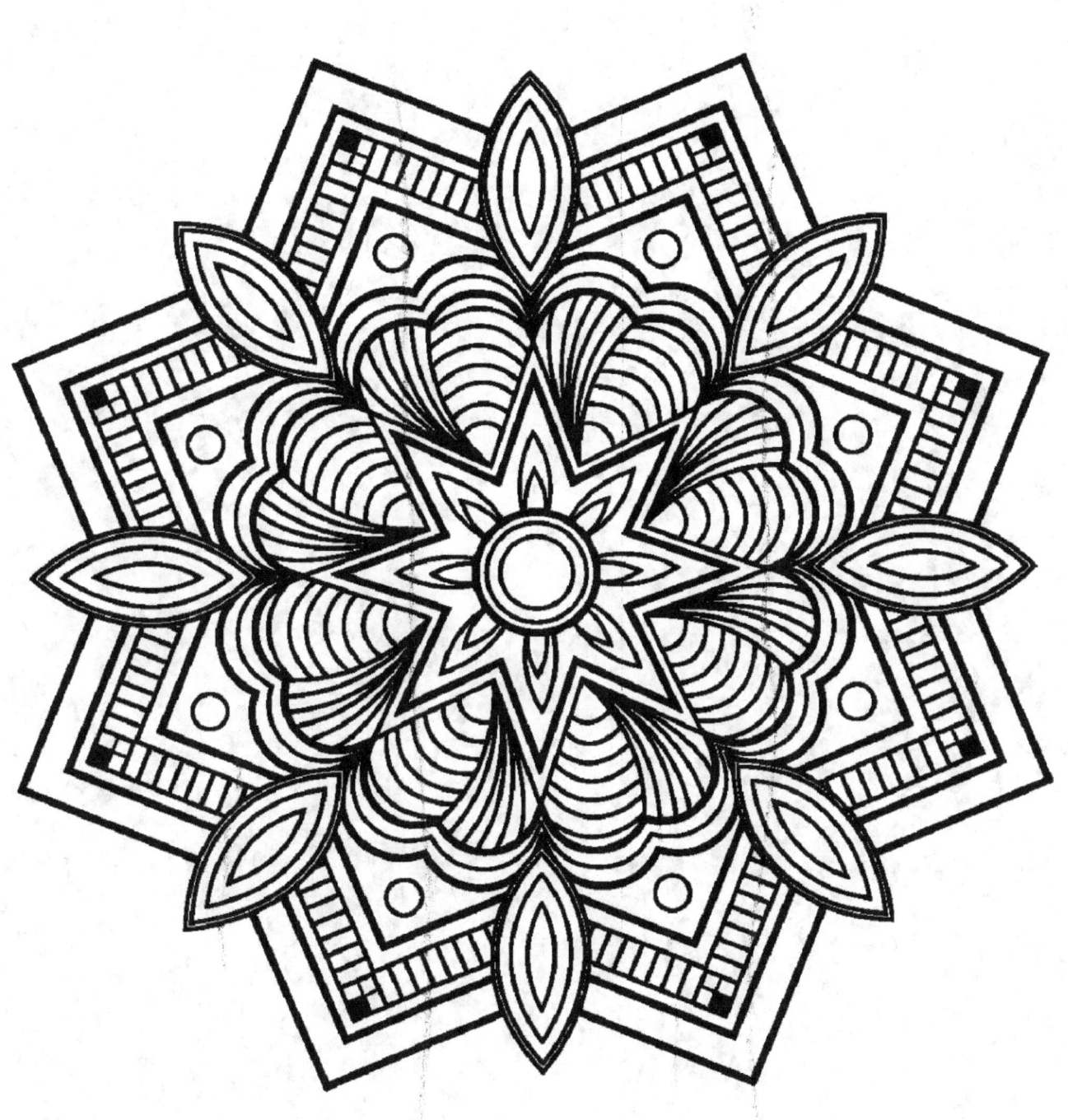

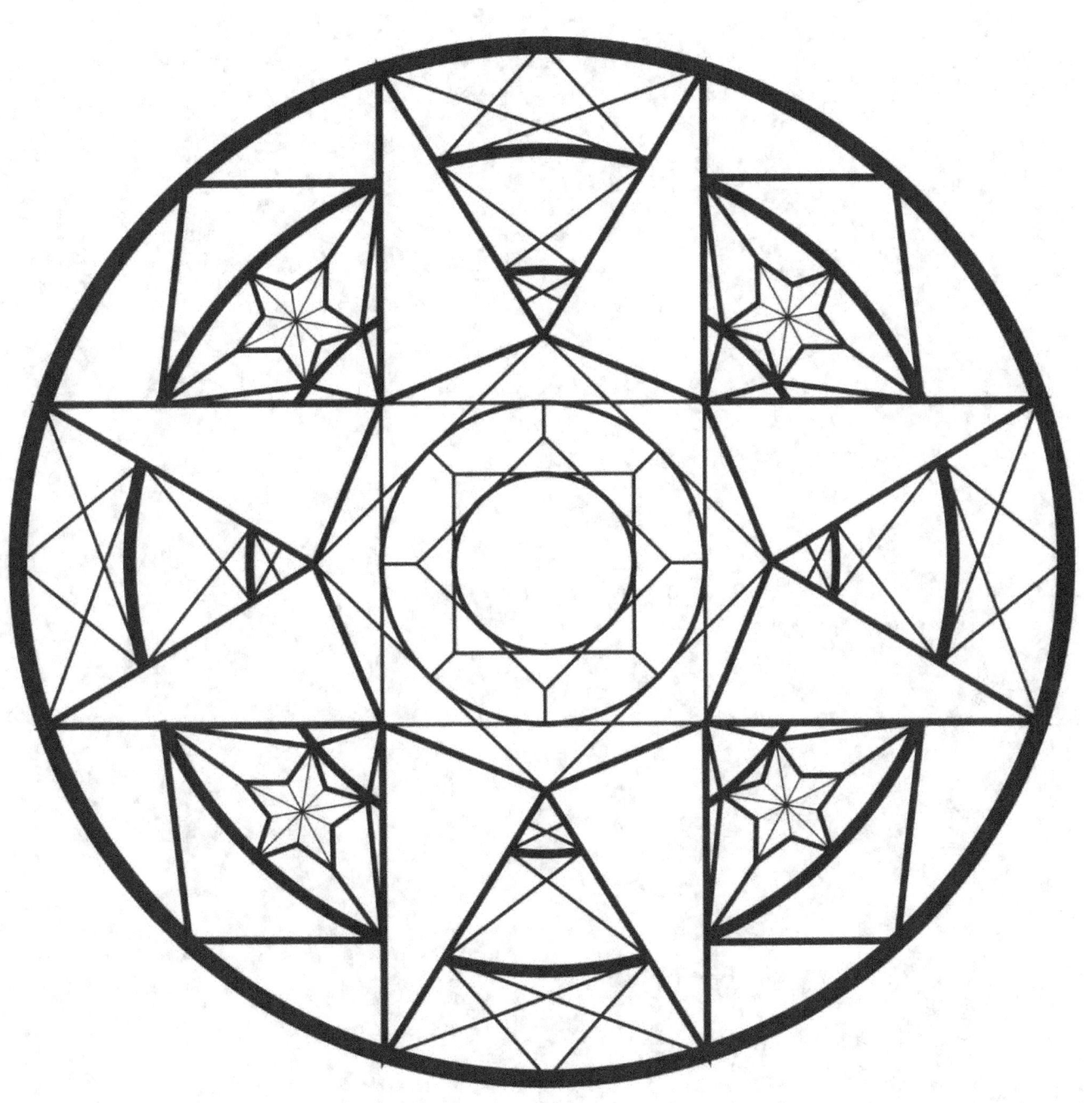

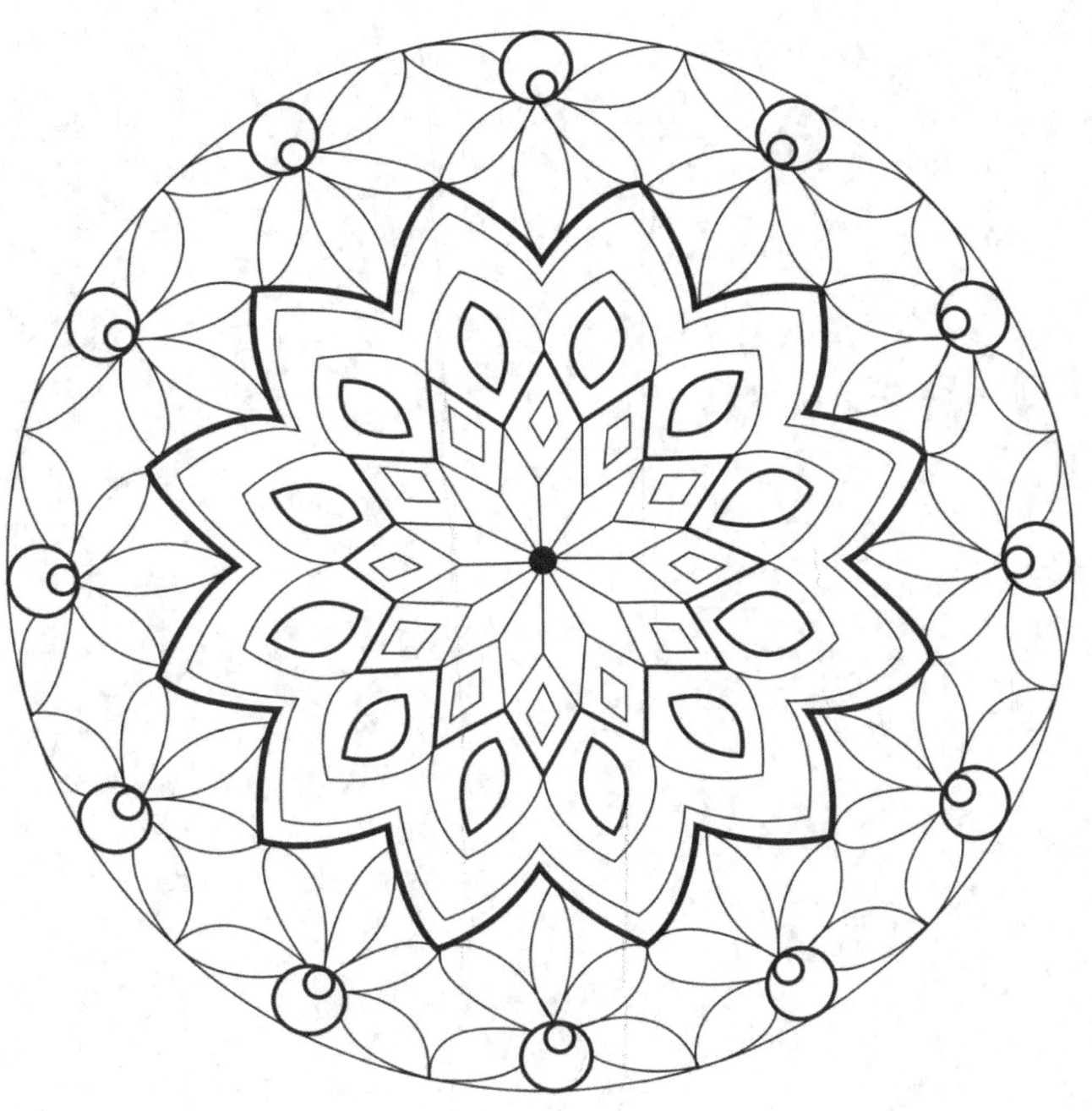

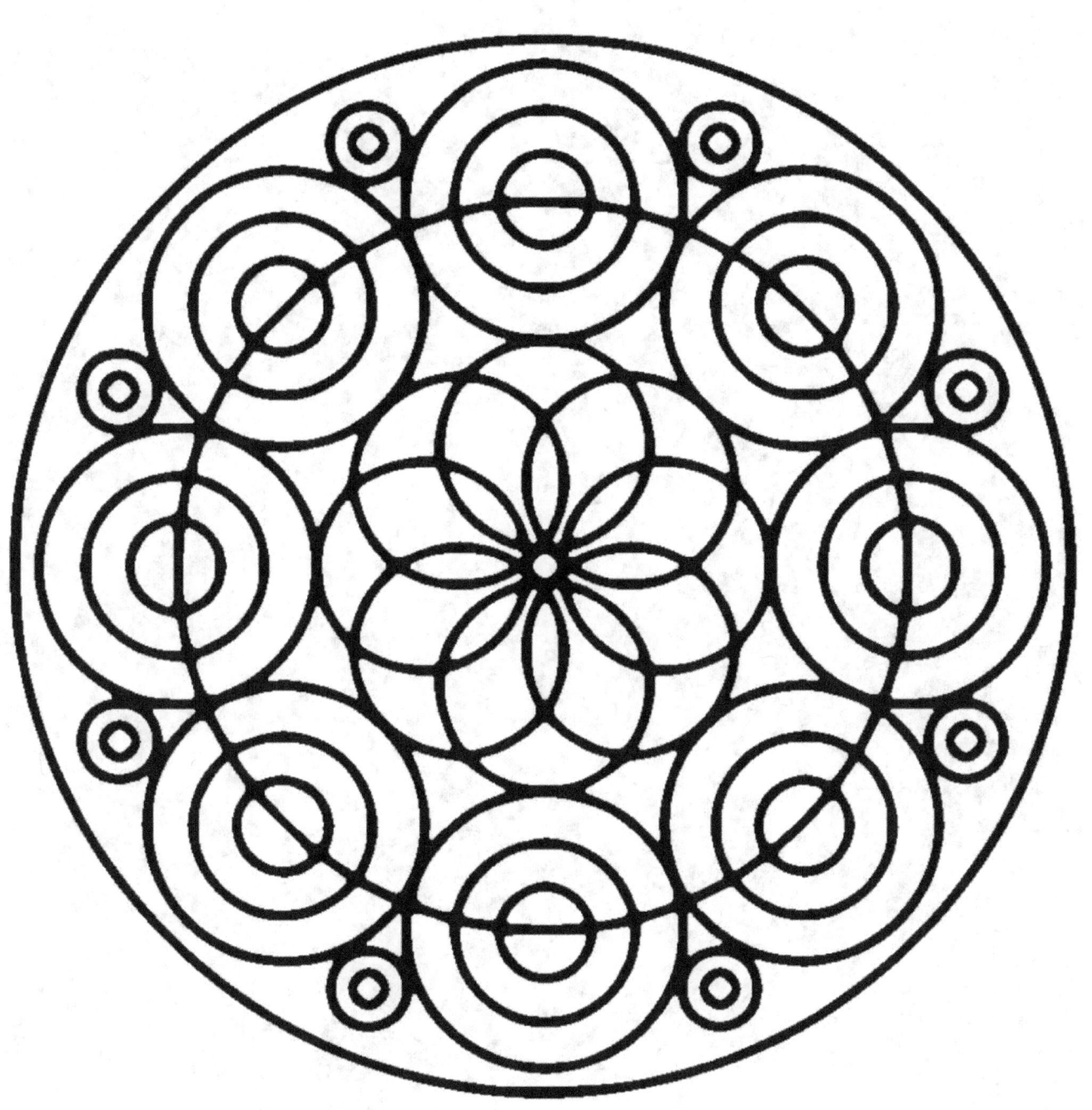

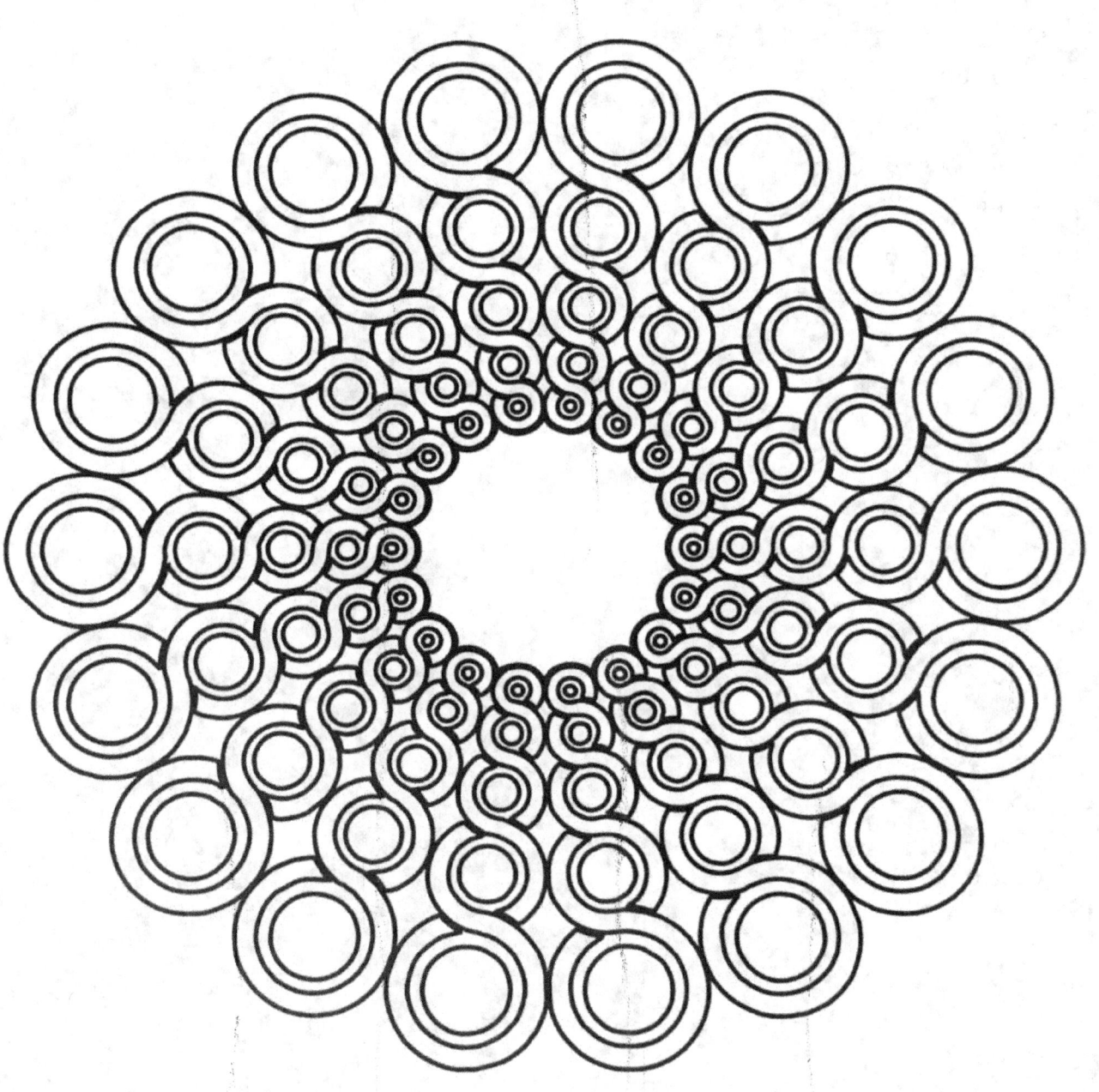

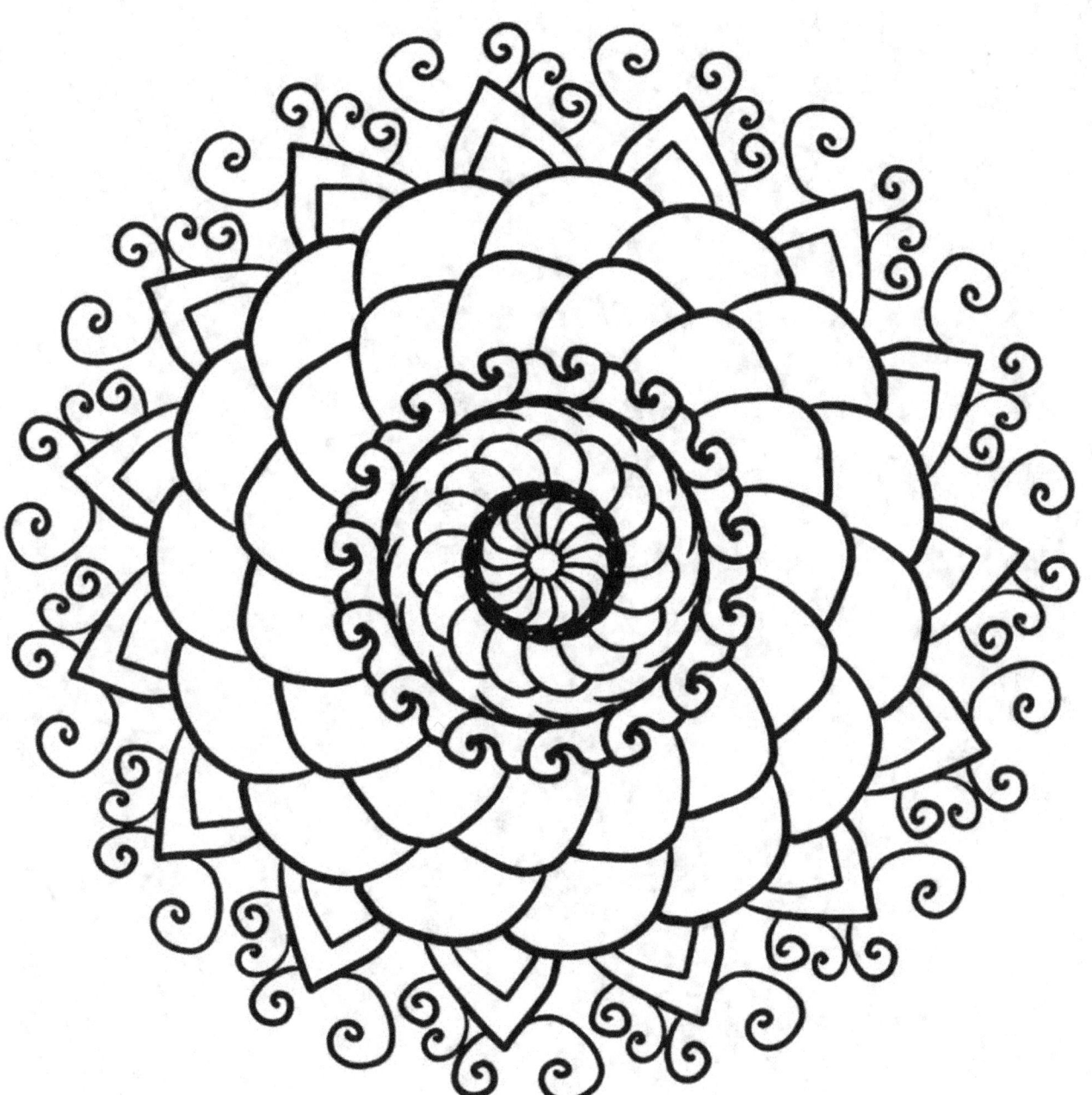

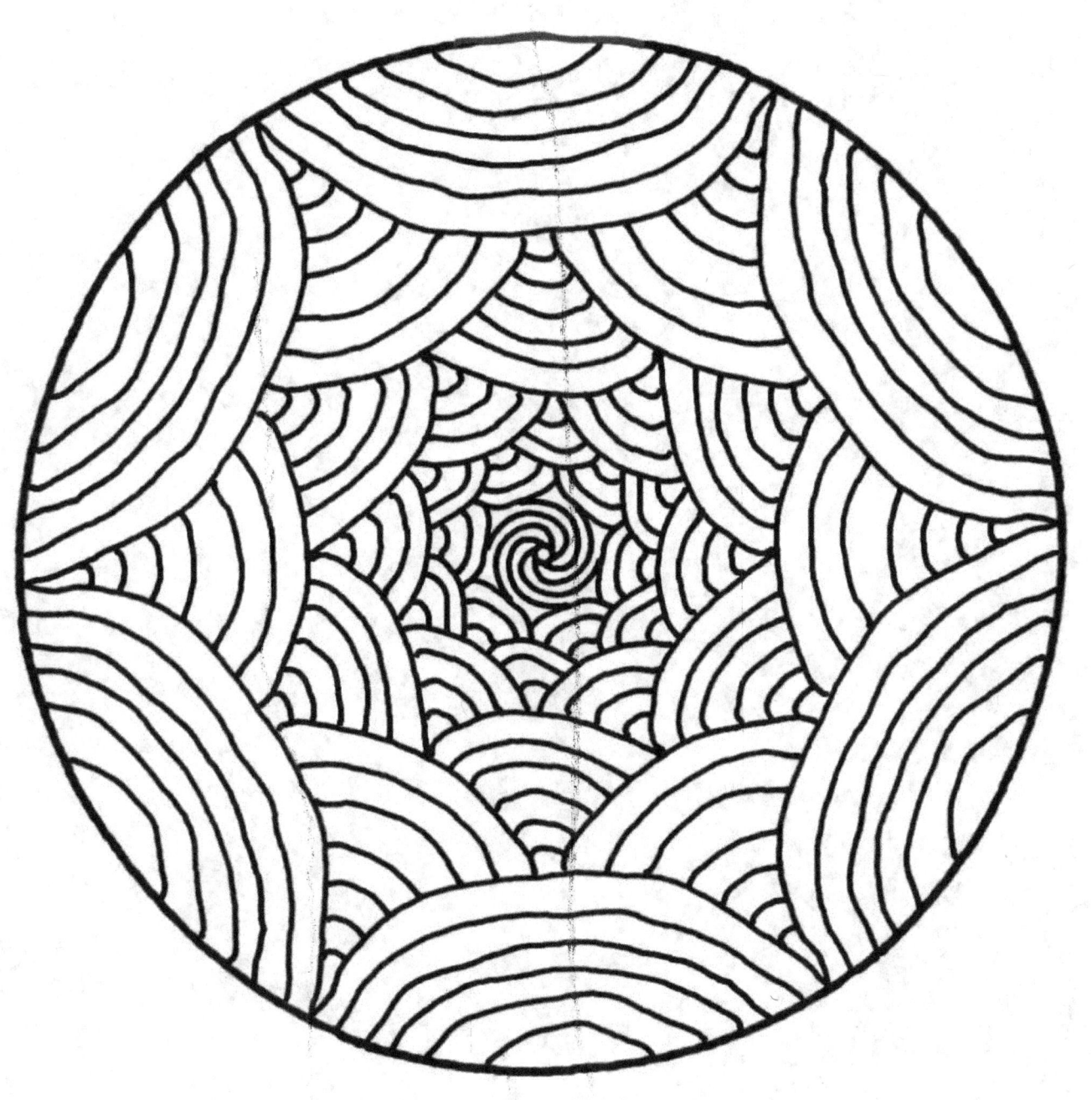

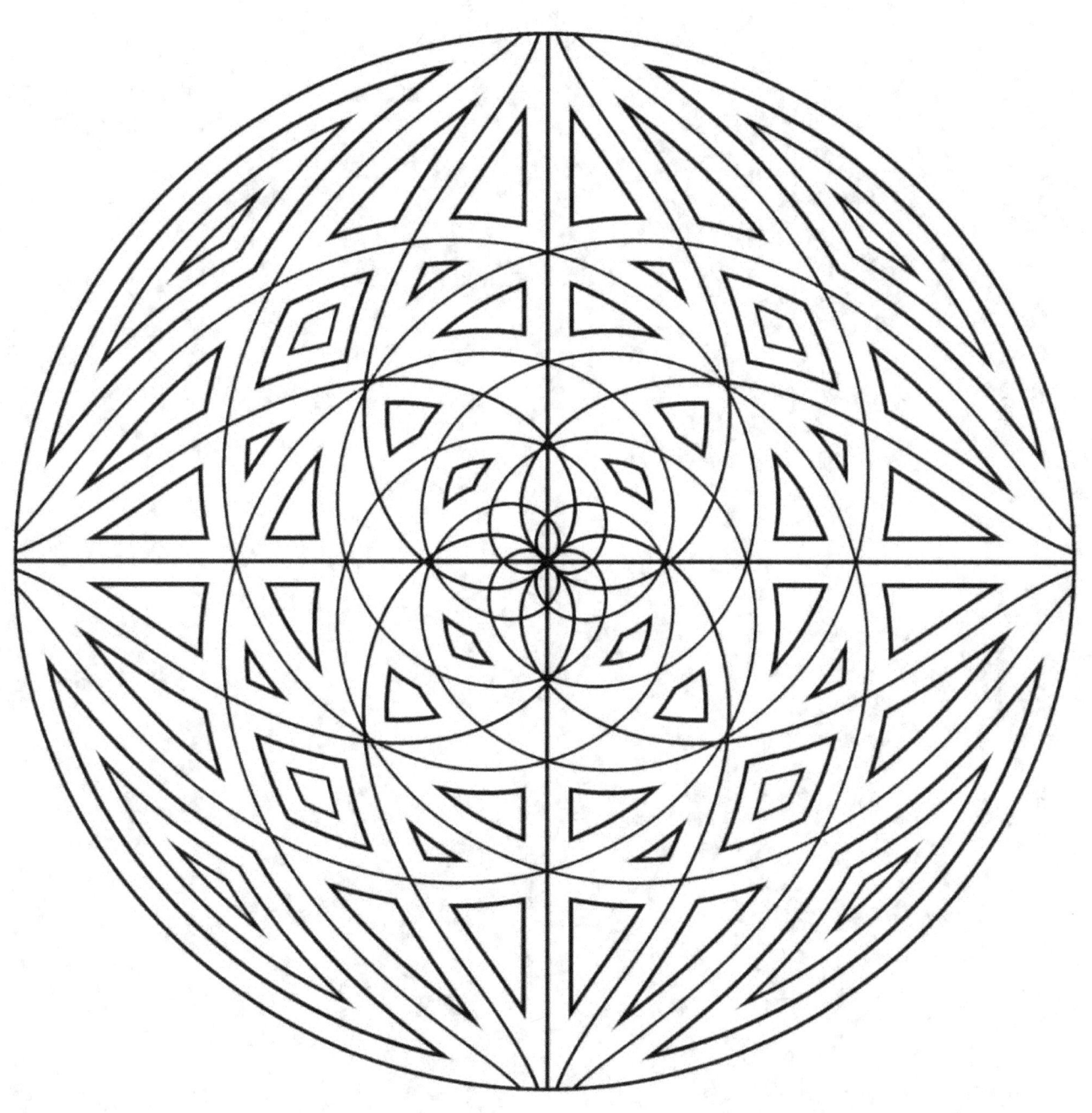

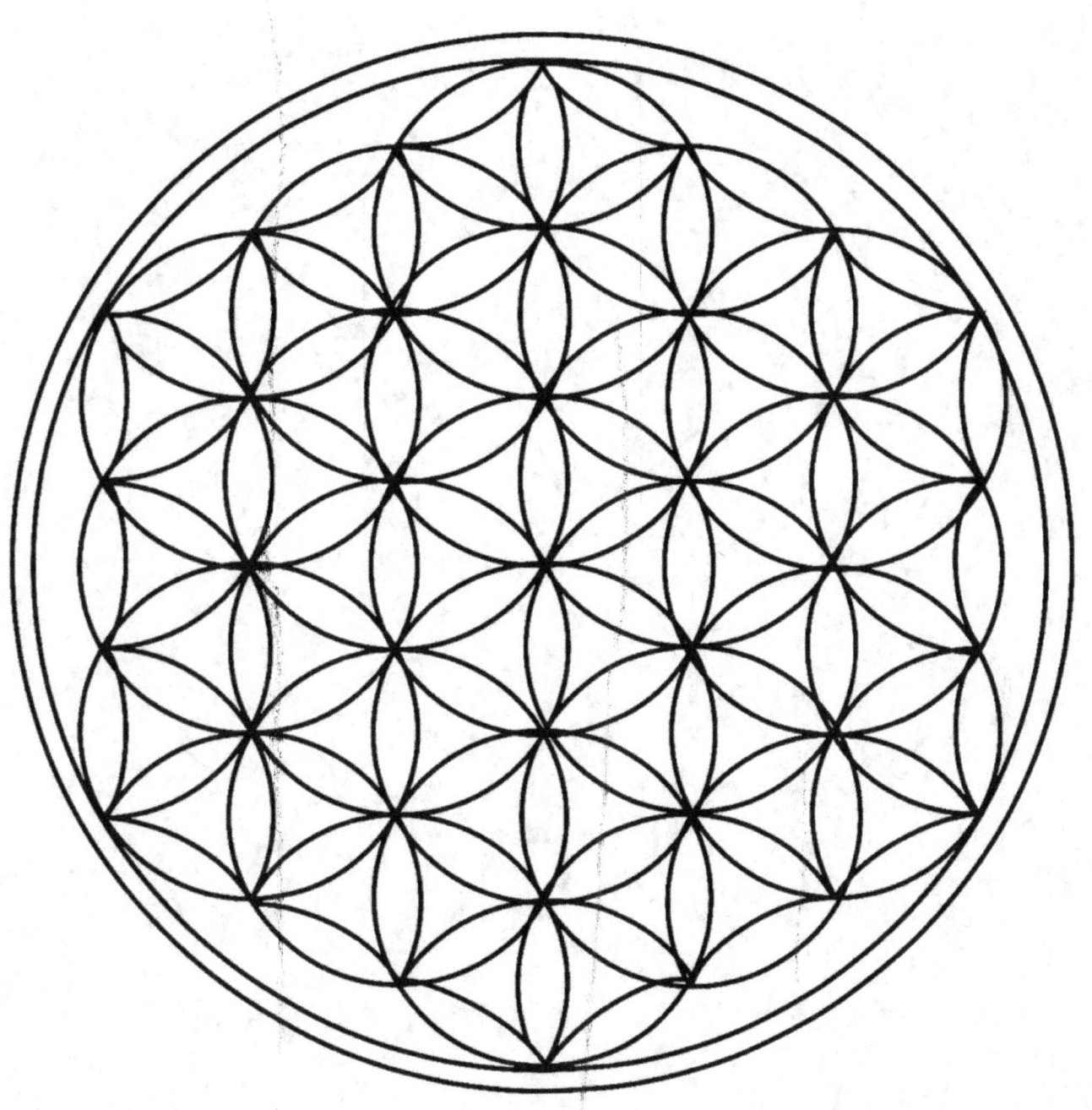

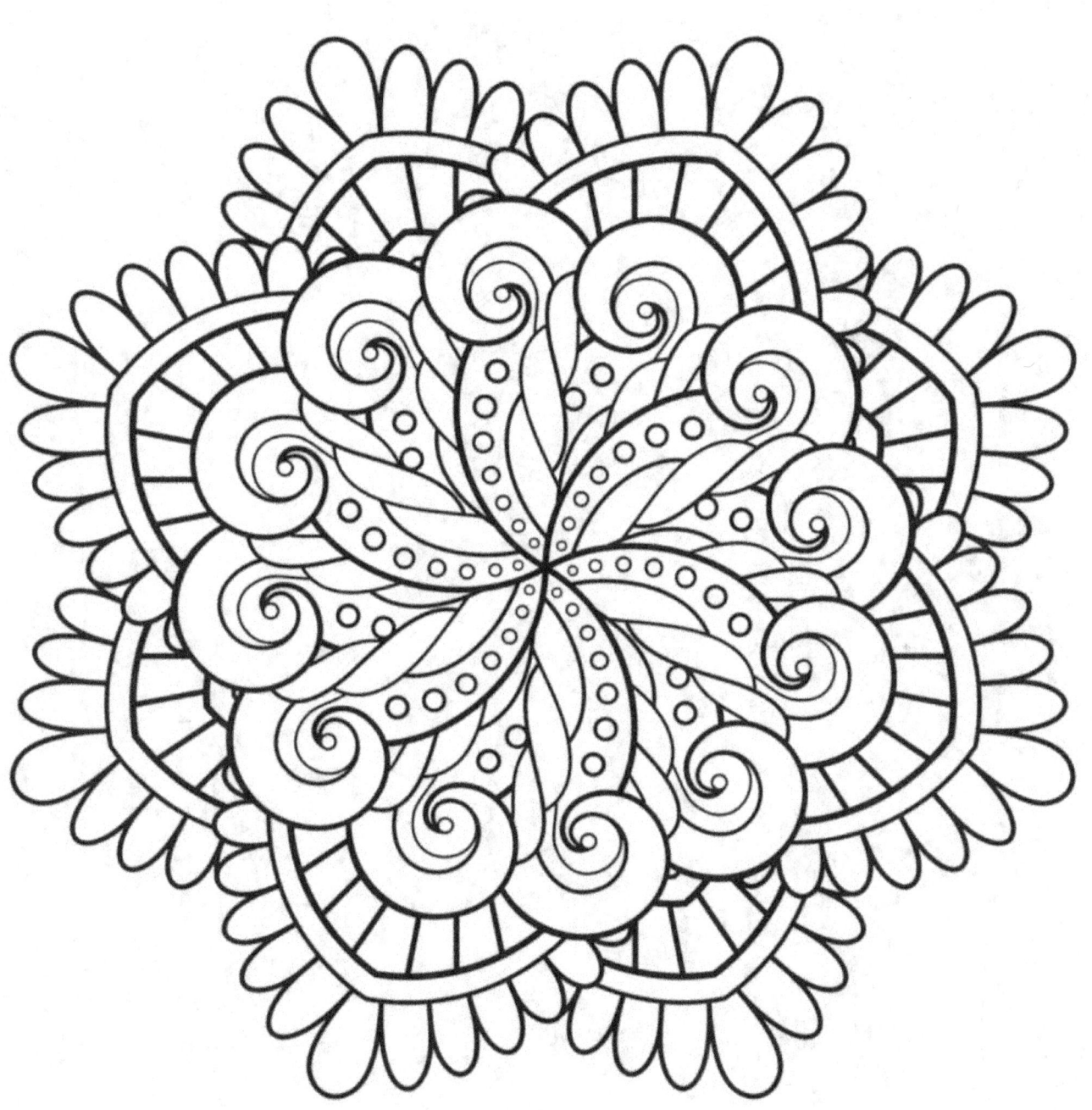

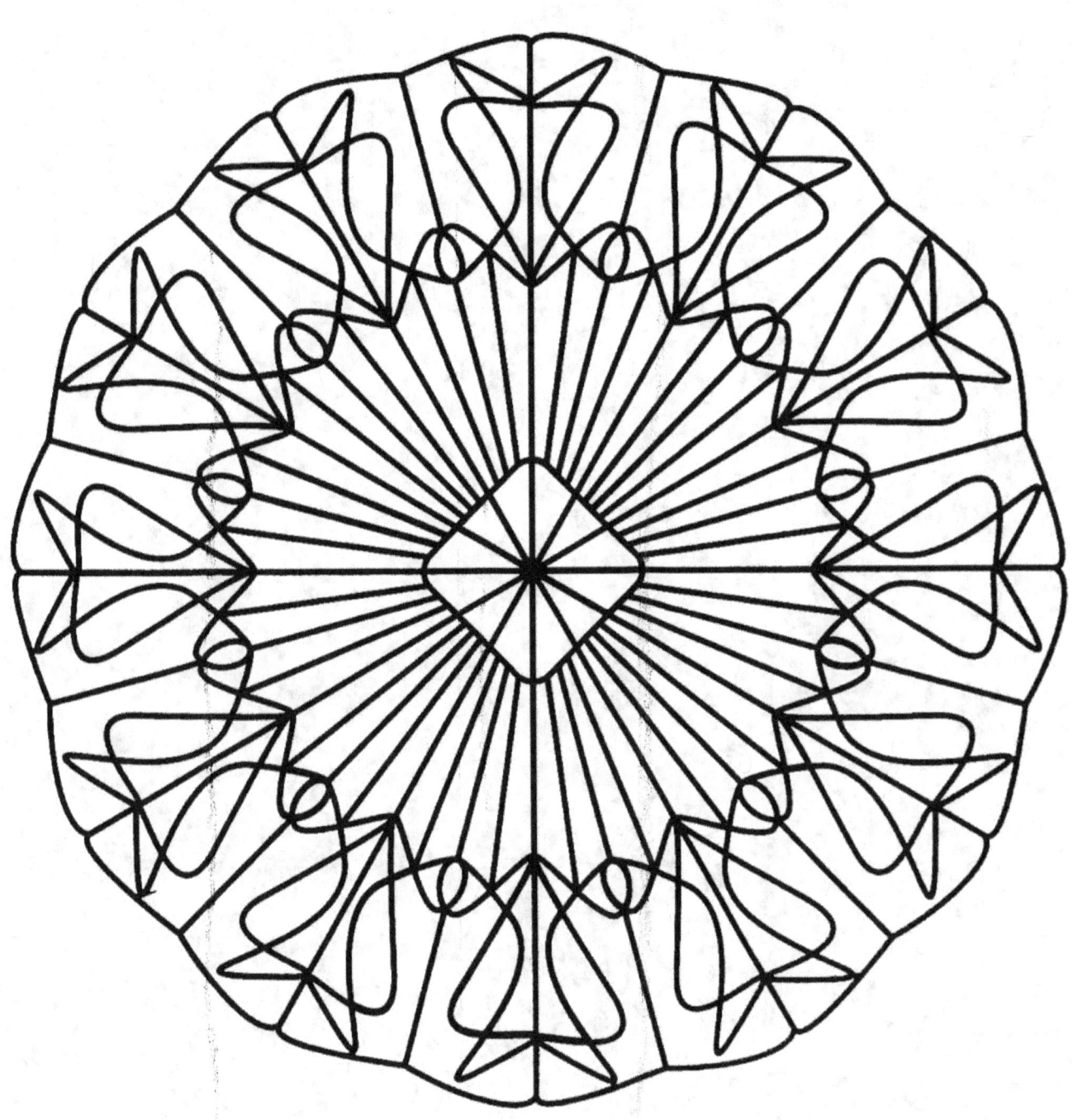

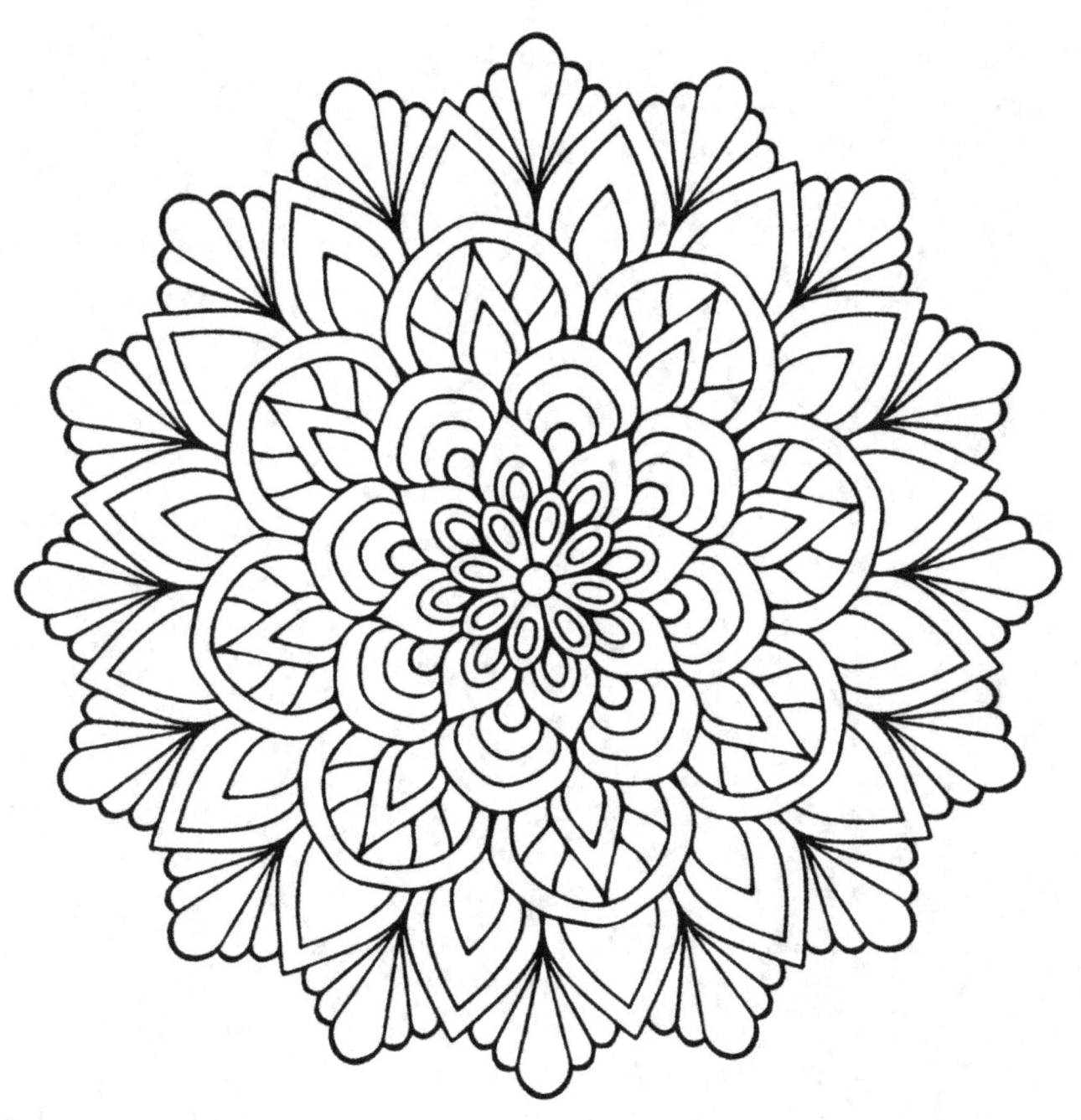

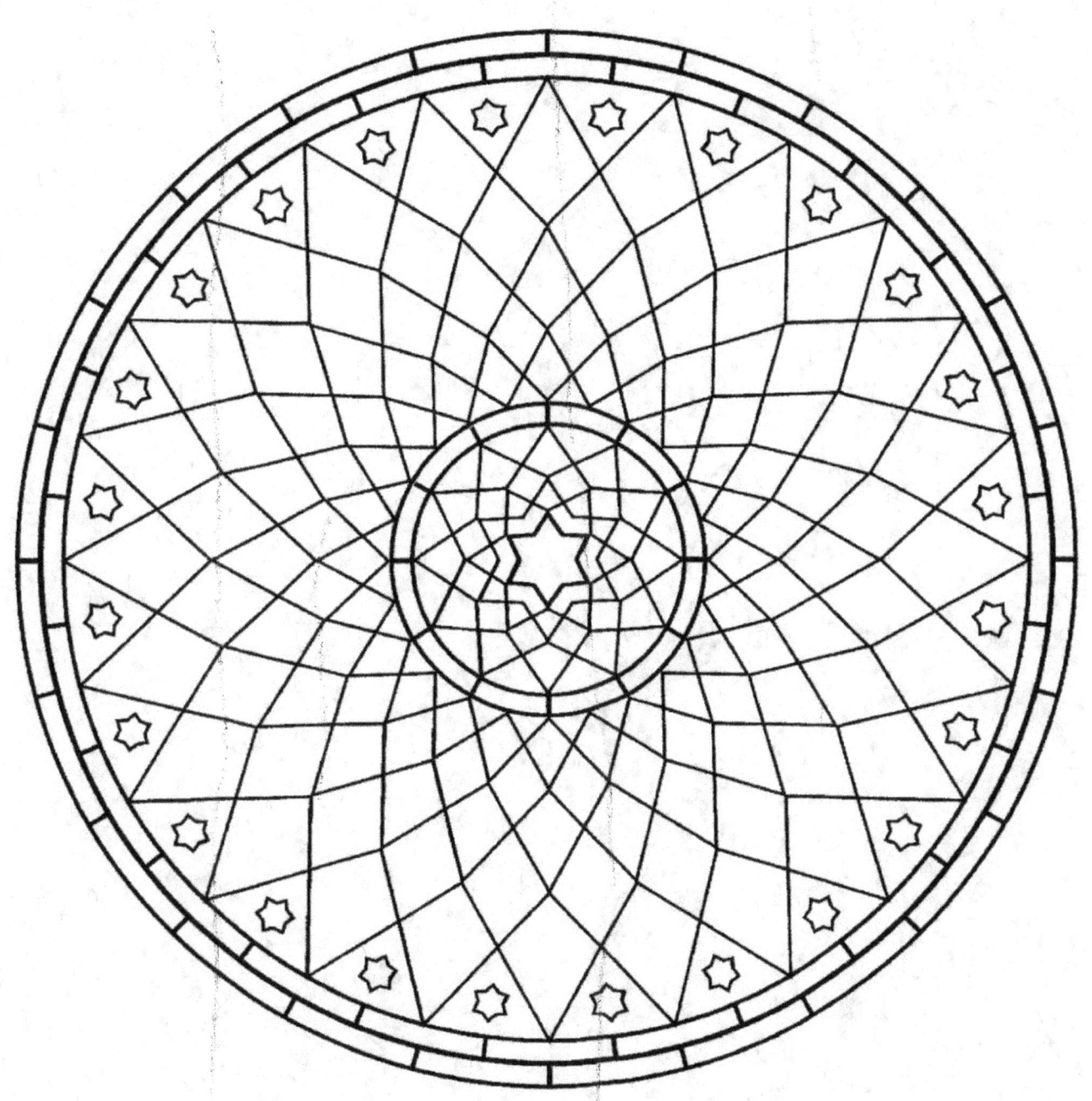

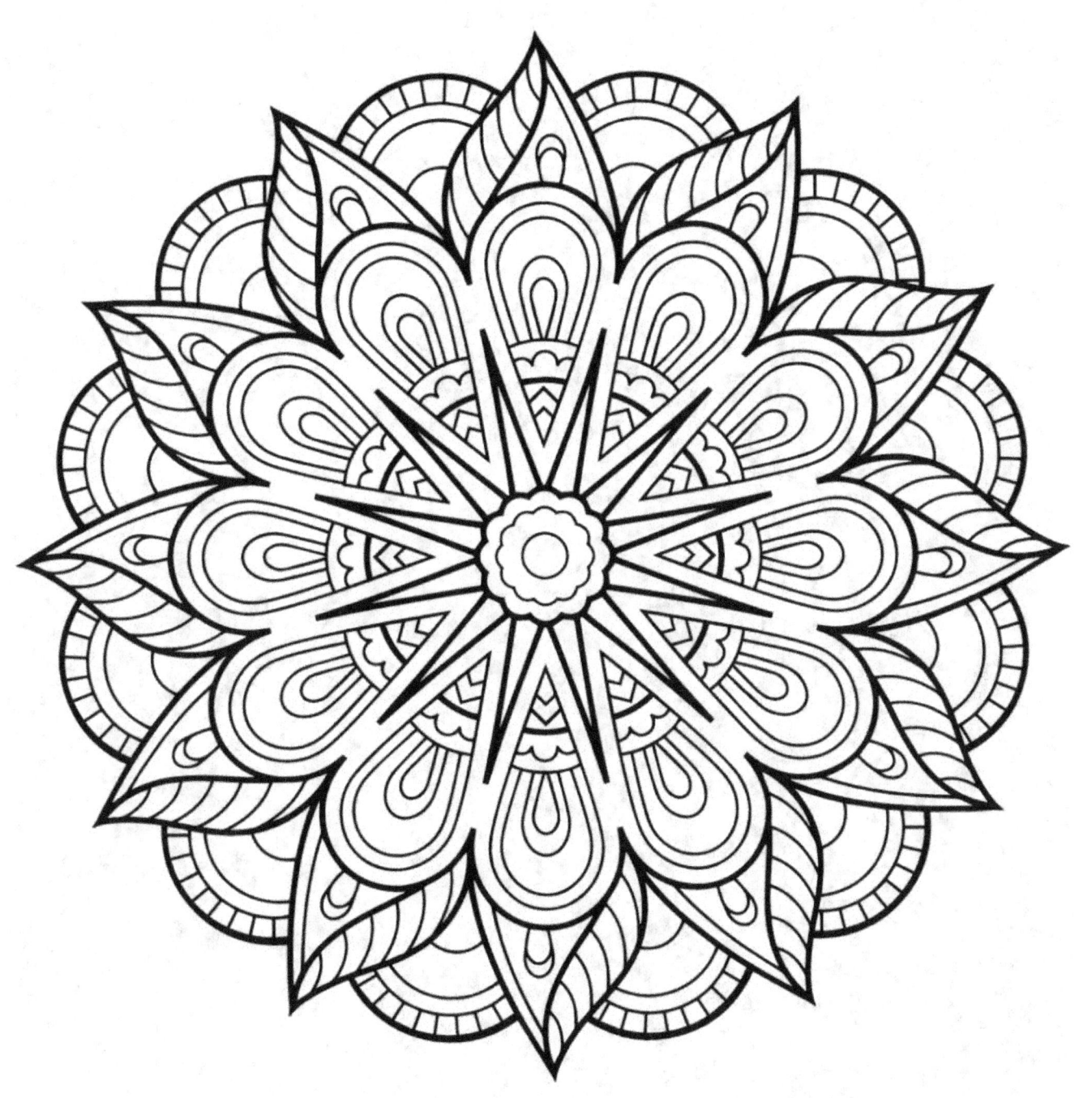

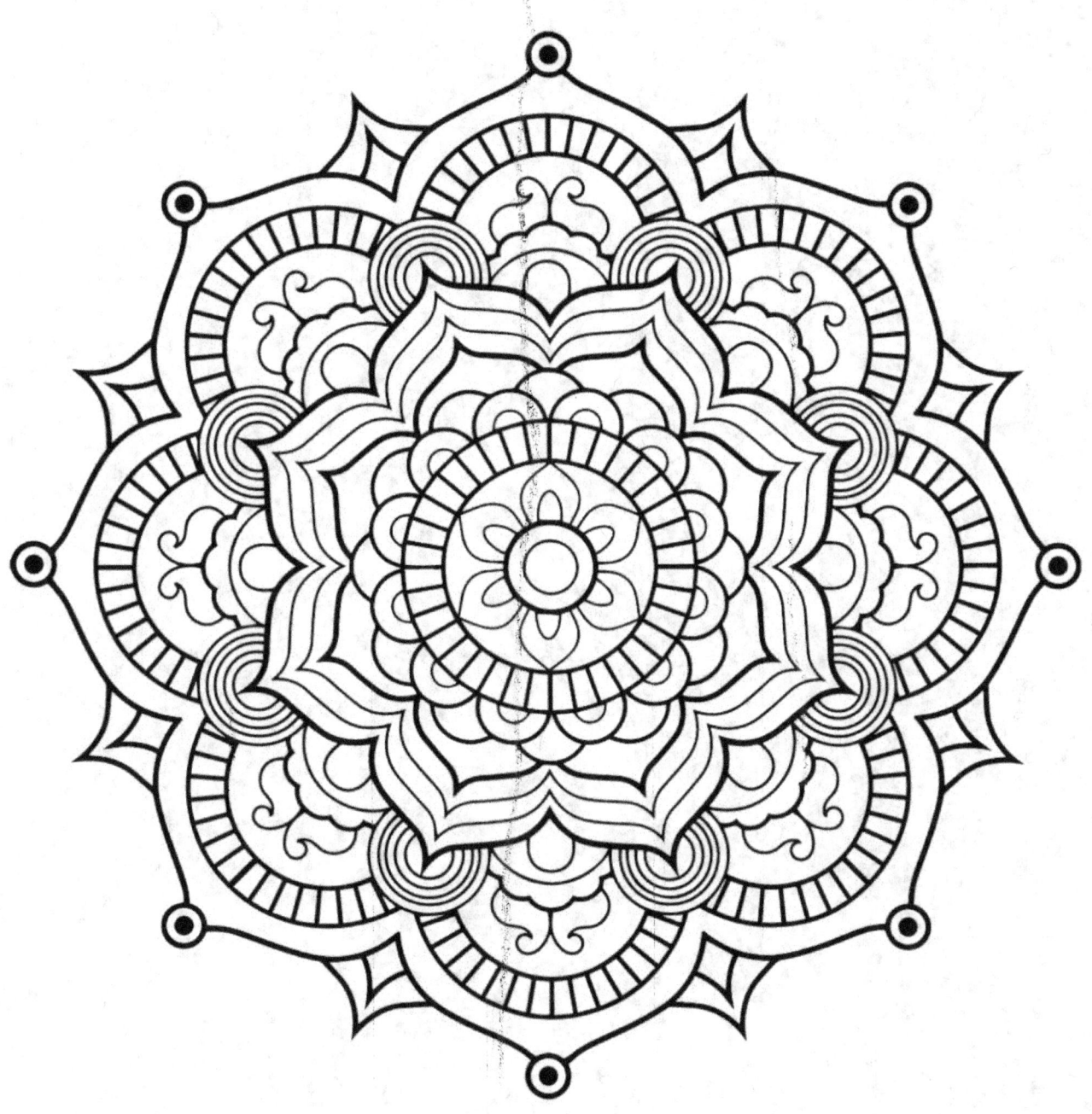

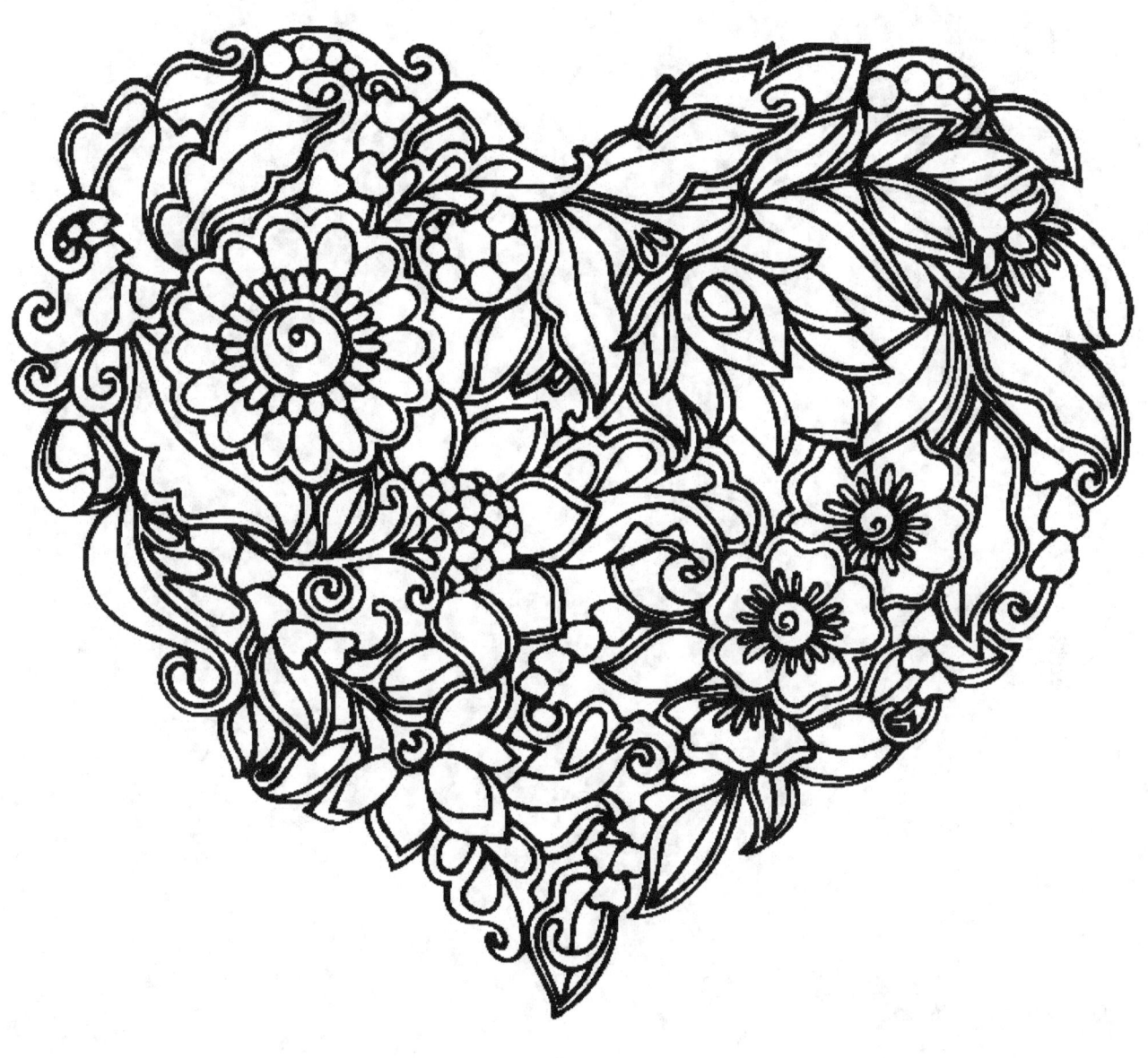

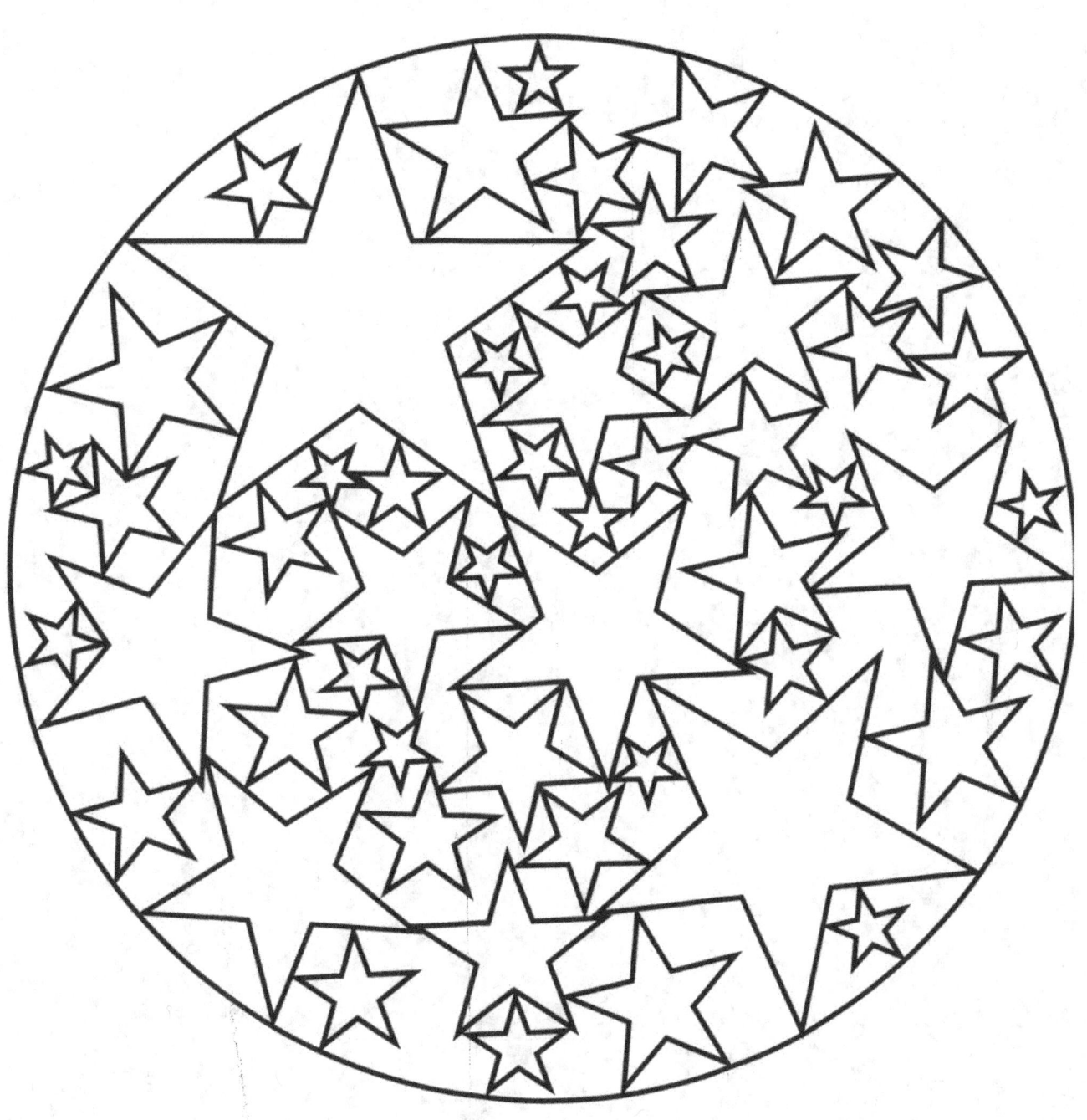

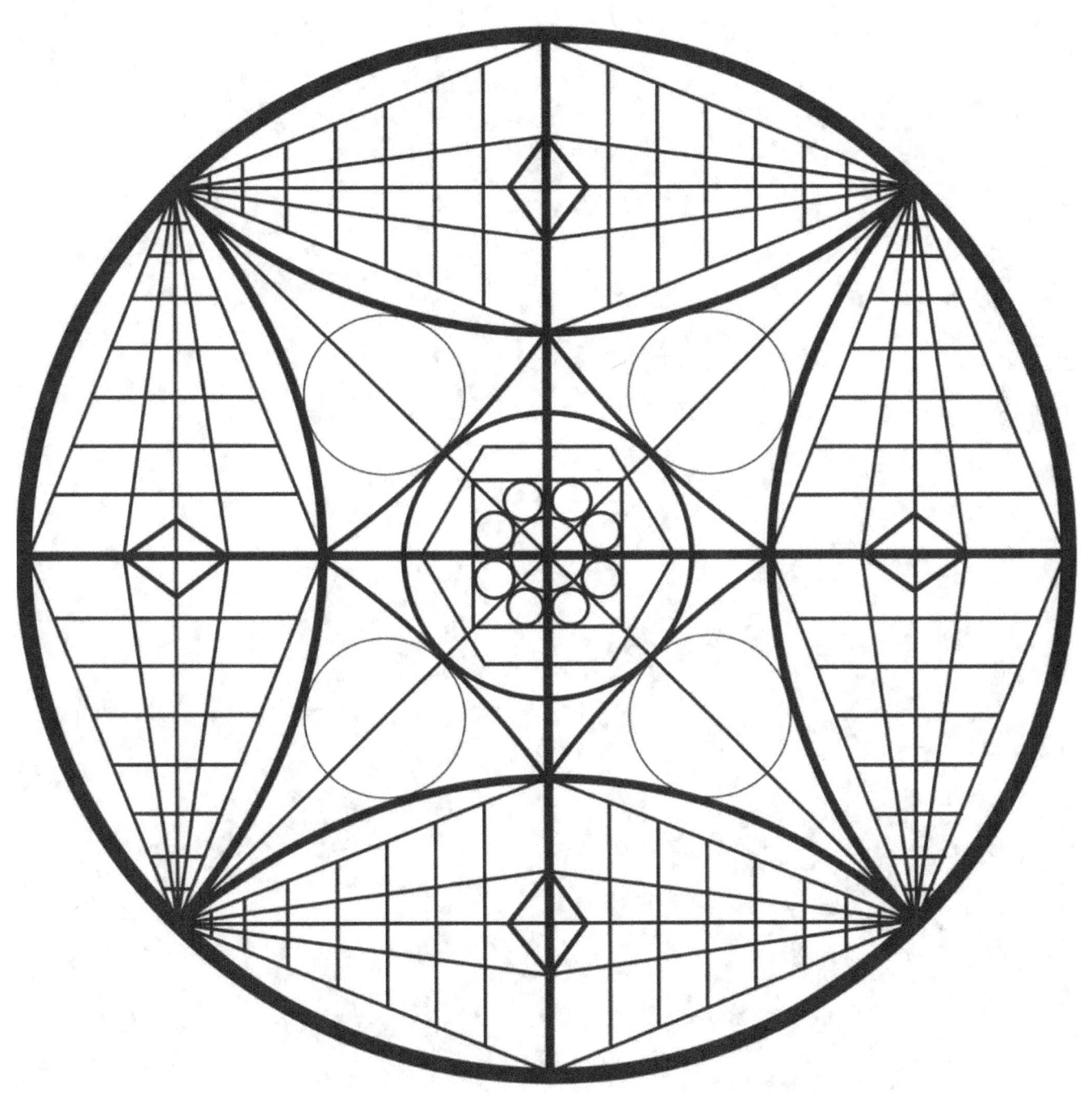

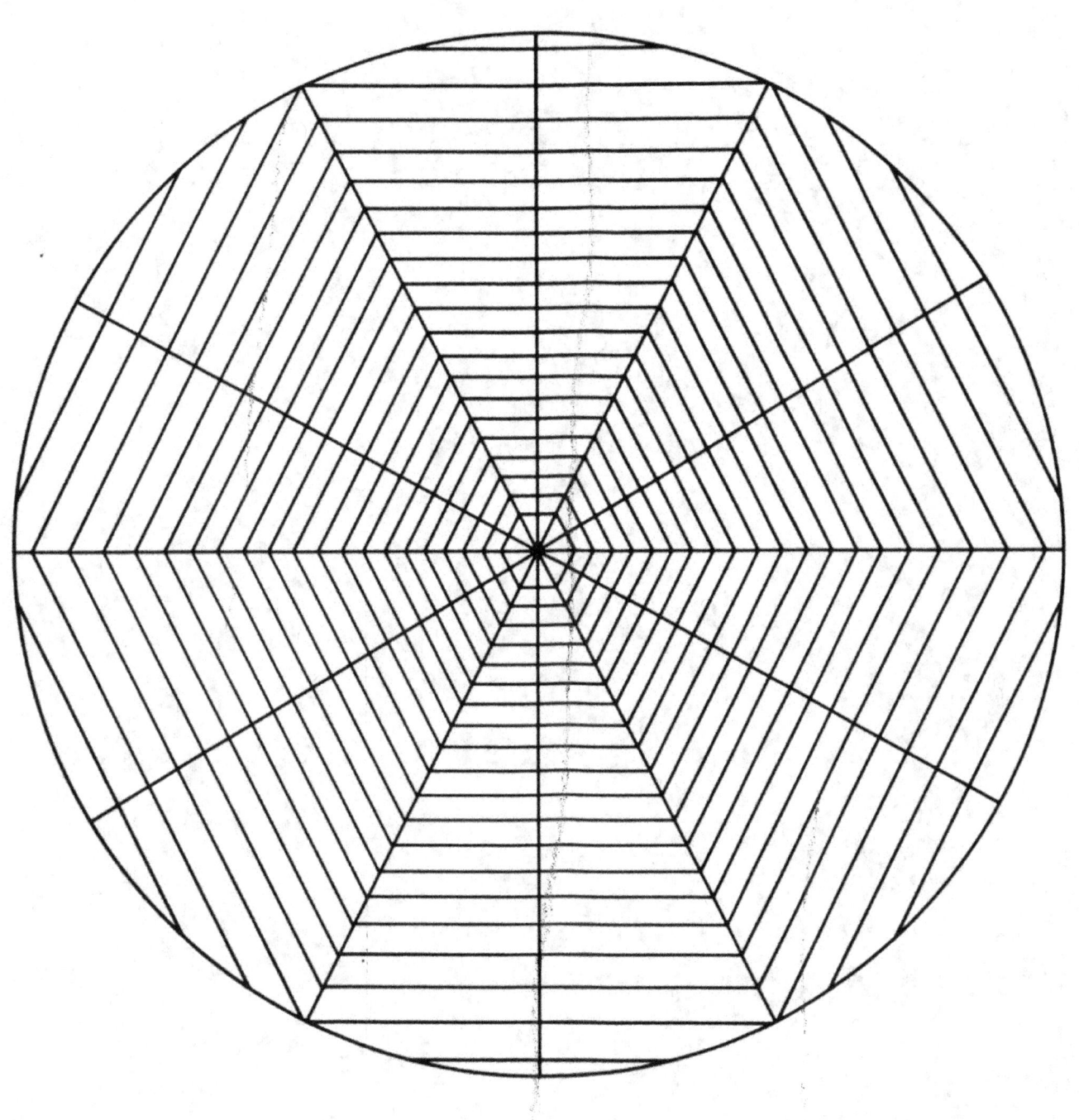

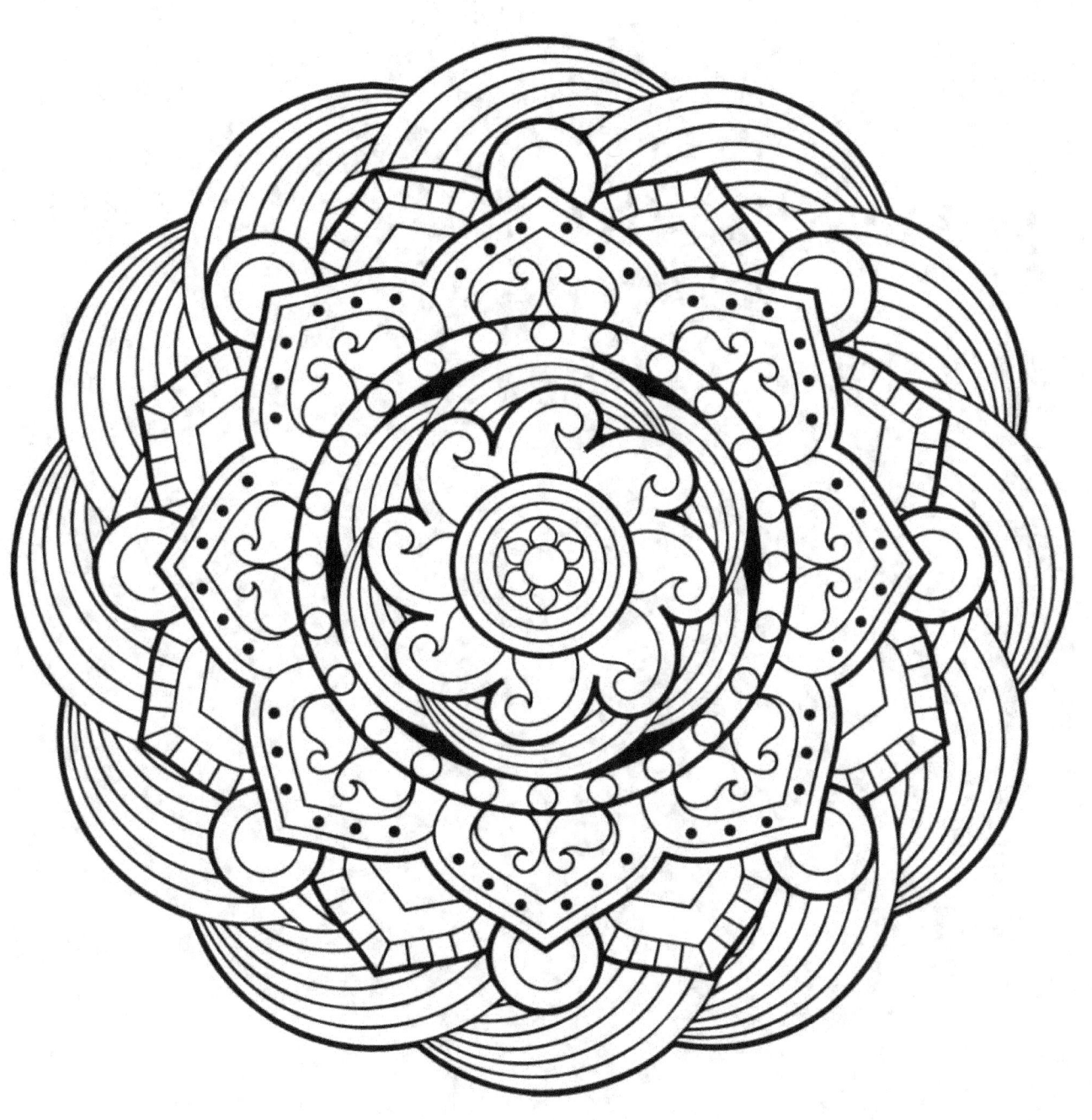

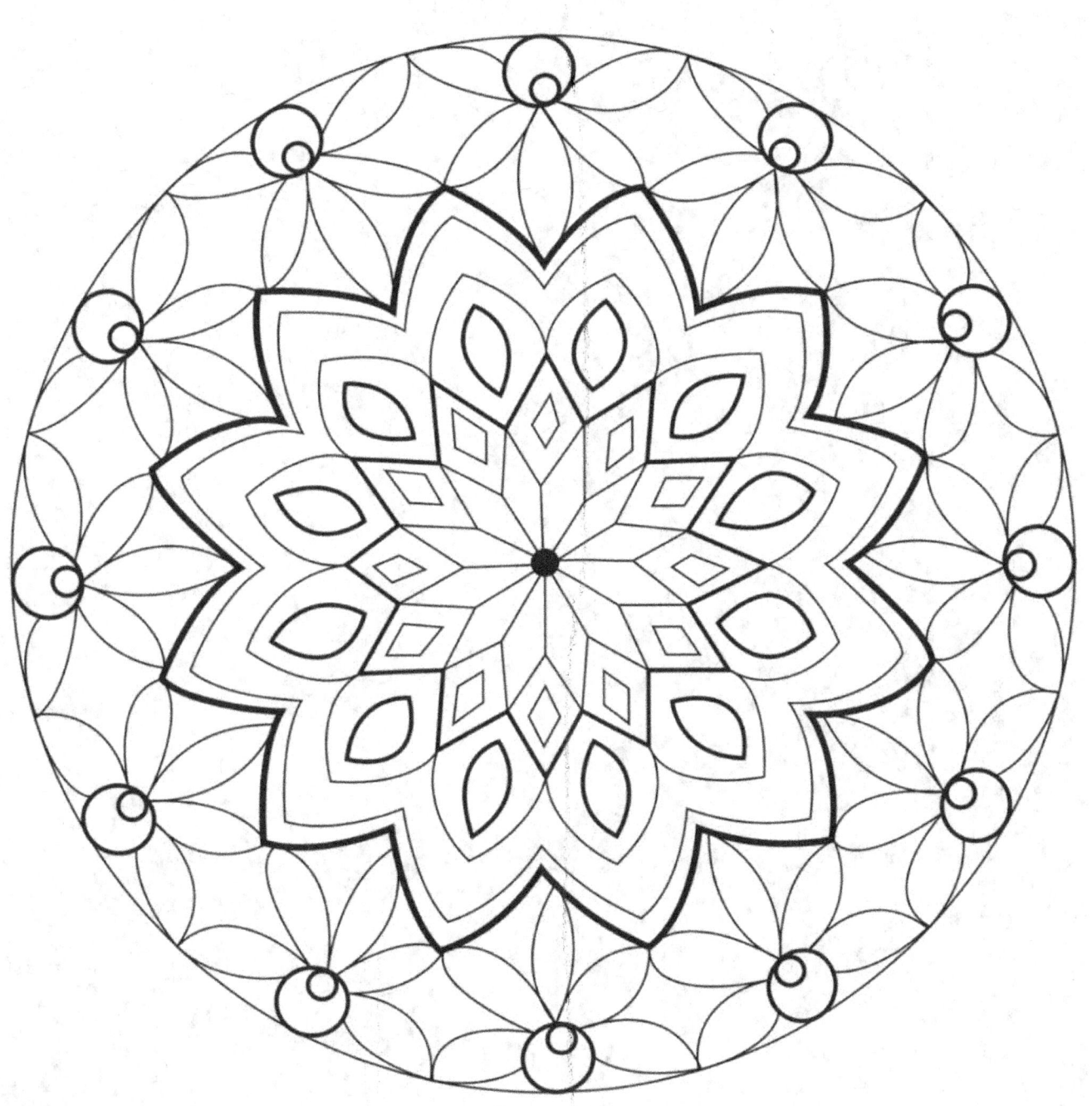

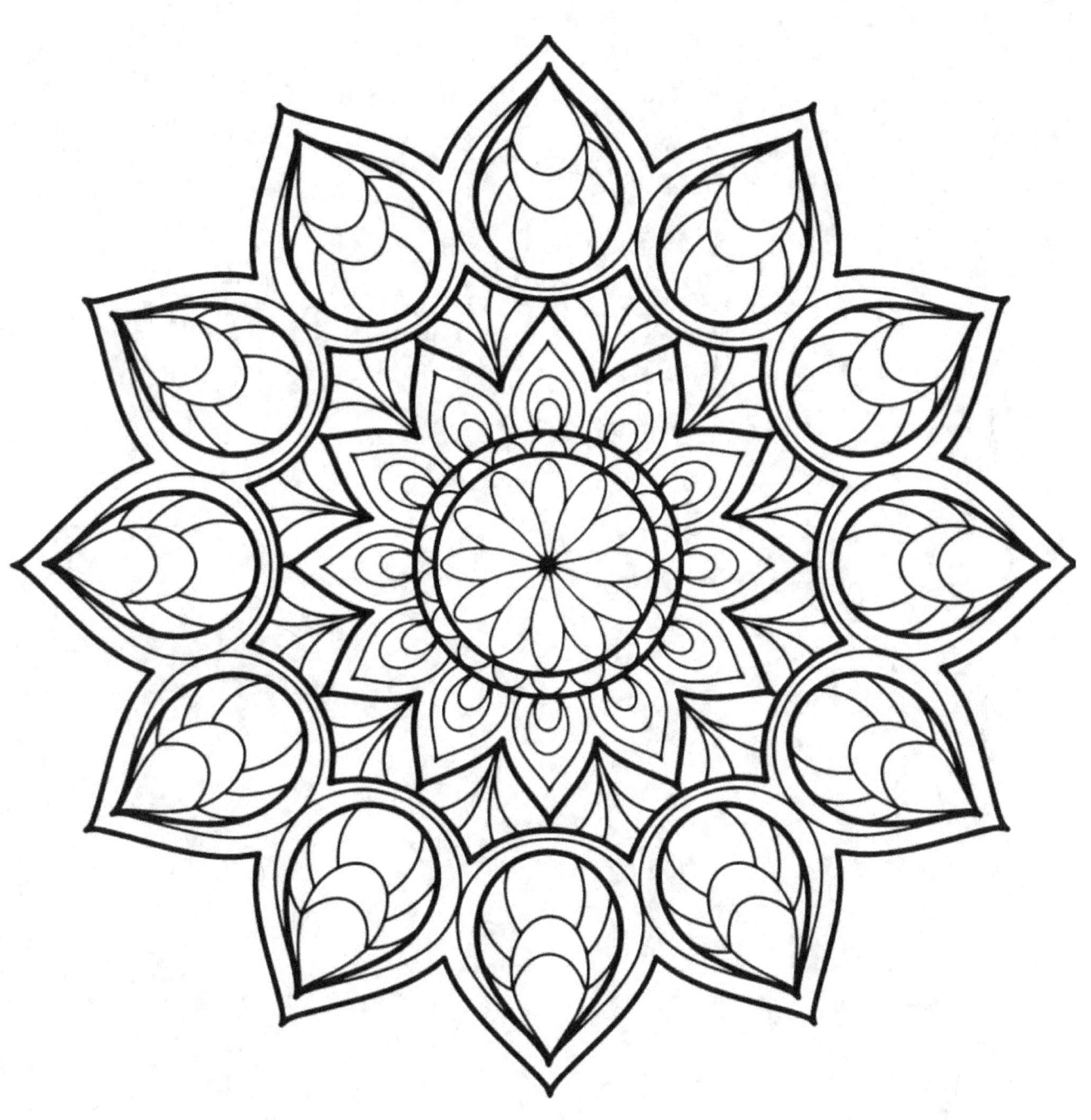

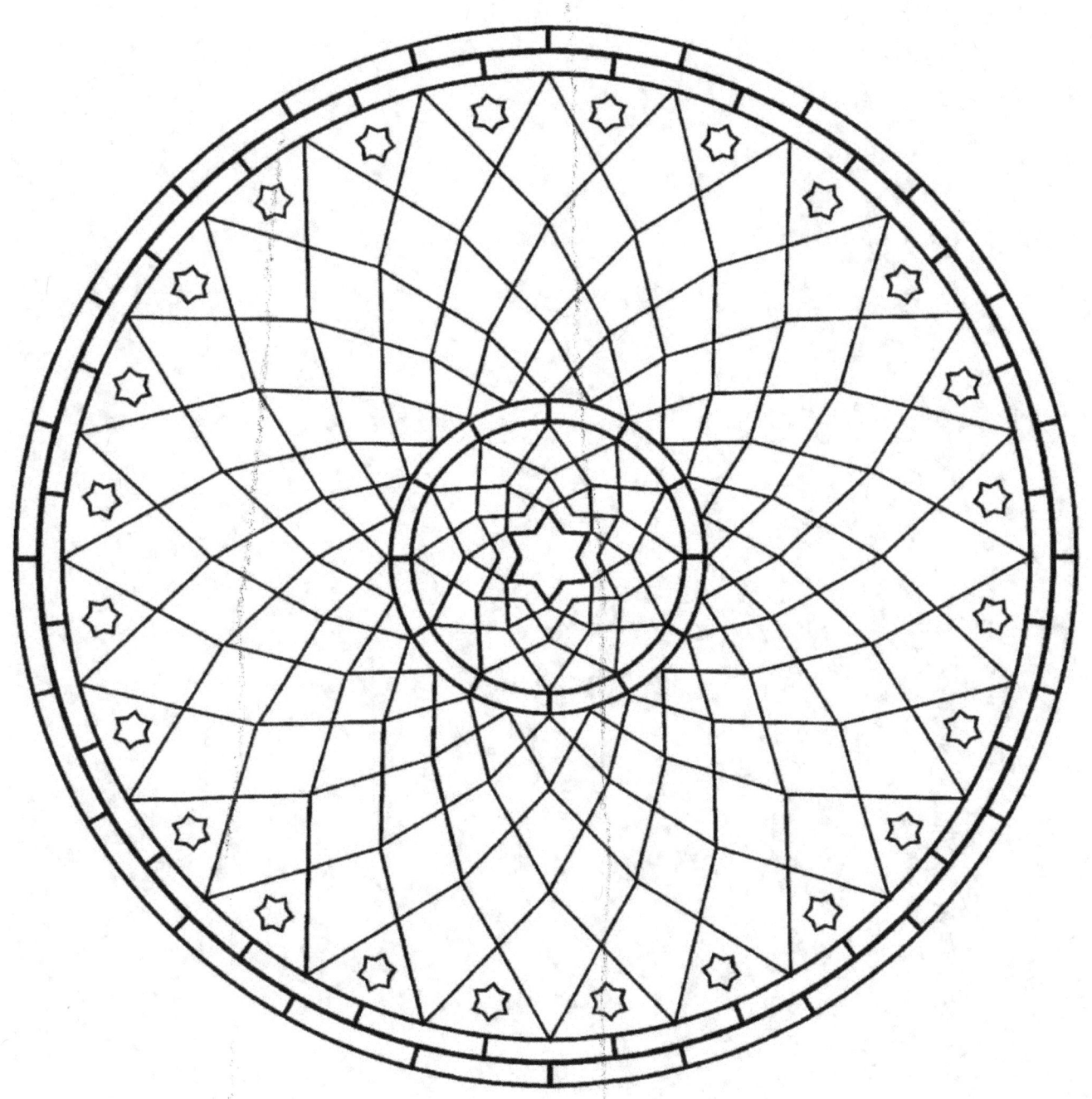

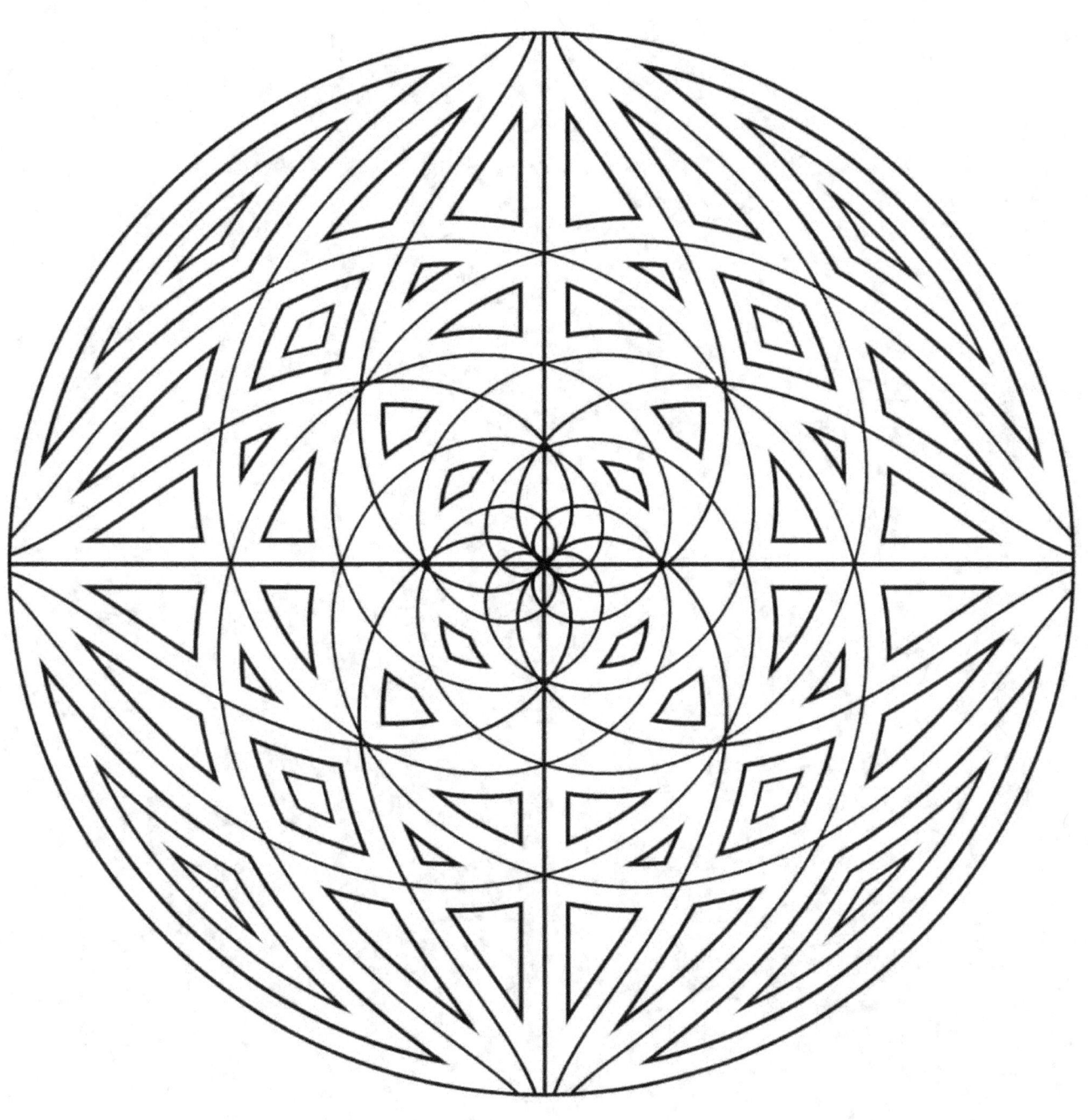

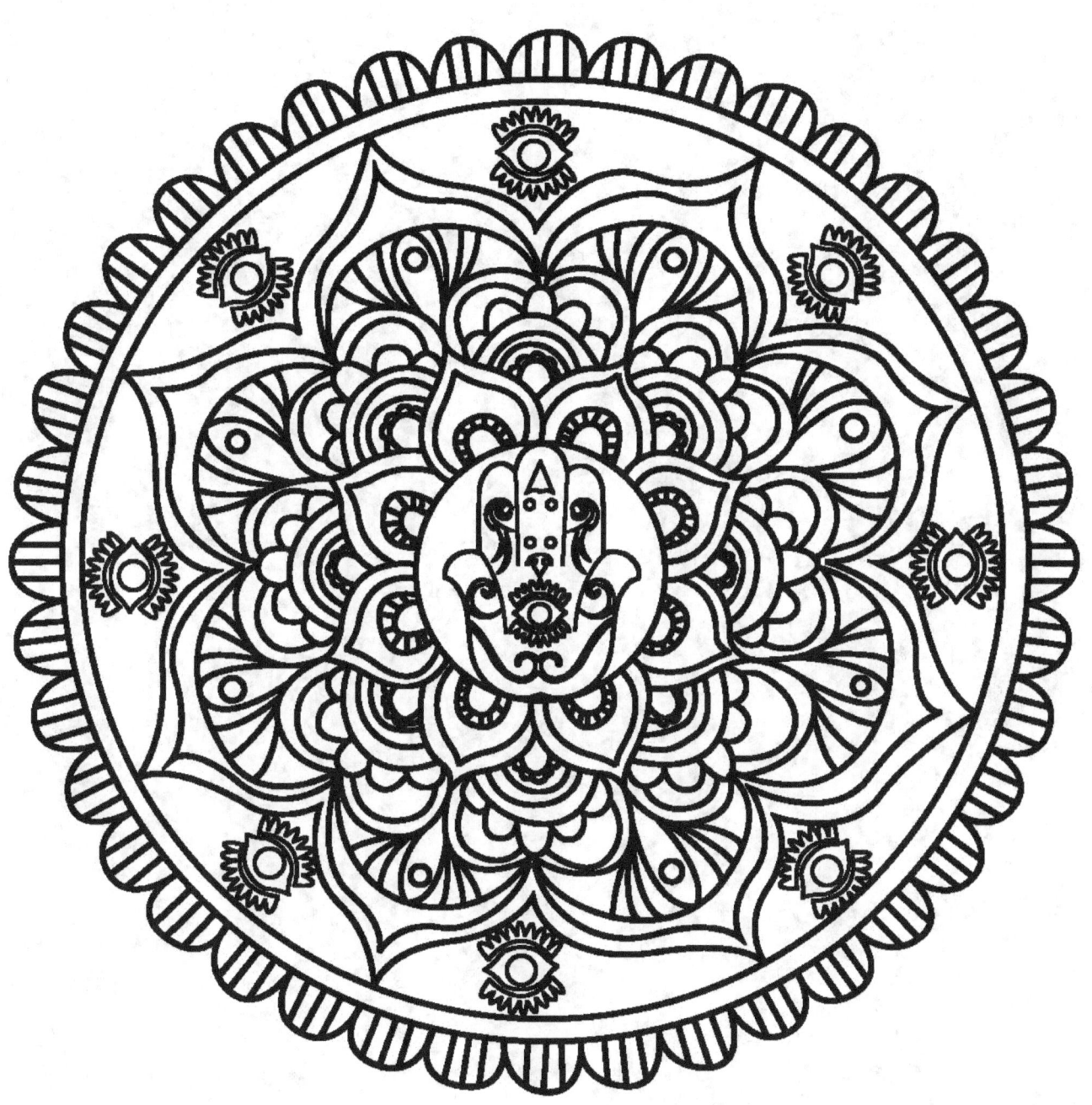

www.ingramcontent.com/pod-product-compliance
Lightning Source LLC
Chambersburg PA
CBHW081445220526
45466CB00008B/2514